博物大观

华侨博物院 编

陈嘉庚教育理念与华侨博物院

厦门大学出版社
XIAMEN UNIVERSITY PRESS
国家一级出版社
全国百佳图书出版单位

图书在版编目（CIP）数据

博物大观：陈嘉庚教育理念与华侨博物院 / 华侨博物院编. -- 厦门：厦门大学出版社，2024.9
　　ISBN 978-7-5615-9249-6

Ⅰ．①博… Ⅱ．①华… Ⅲ．①华侨-博物馆-概况-厦门 Ⅳ．①D634-282.573

中国国家版本馆CIP数据核字(2023)第251808号

责任编辑　高　健
封面设计　李夏凌
技术编辑　许克华

出版发行　厦门大学出版社
社　　址　厦门市软件园二期望海路39号
邮政编码　361008
总　　机　0592-2181111　0592-2181406(传真)
营销中心　0592-2184458　0592-2181365
网　　址　http://www.xmupress.com
邮　　箱　xmup@xmupress.com
印　　刷　厦门集大印刷有限公司

开本　787 mm×1 092 mm　1/16
印张　10.75
字数　160 千字
版次　2024 年 9 月第 1 版
印次　2024 年 9 月第 1 次印刷
定价　120.00 元

本书如有印装质量问题请直接寄承印厂调换

厦门大学出版社
微信二维码

厦门大学出版社
微博二维码

《博物大观：陈嘉庚教育理念与华侨博物院》编委会

顾　问：
陈立人　陈毅明　丁炯淳　曾　莹　刘晓斌

主　编： 钟志诚
副主编： 蔡青梅　林翠茹
执行编辑： 蔡青梅　李　丽　潘少红

编　委：（以姓氏笔画为序）
王荣春　苏国宝　李　丽　林翠茹　钟志诚
贺春旎　黄筱雯　蔡青梅　潘少红

编写组： 李　丽　潘少红　蔡青梅

美术设计： 许汉阳

文物与资料组：（以姓氏笔画为序）
王艳霞　叶　晨　兰天铃　许汉阳　杨　阳　杨双妃
张　平　陈丽萍　林翠茹　周均阳　郭芬芬　曾焕光

前言

"华侨旗帜、民族光辉",是毛泽东主席对陈嘉庚先生的高度赞誉。

陈嘉庚先生是著名爱国华侨领袖、实业家和社会活动家,同时也是具有伟大教育思想的教育家。先生以南洋创办实业成功的宝贵财富,在国难之际,慷慨解囊,领导南洋华侨支援祖国抗战。先生一生倾力兴学,创办了集美学校和厦门大学,并在海外创办多所华文学校,倡建公共图书馆,以自己独特的方式,践行"教育为立国之本,兴学乃国民天职"、推动社会改革进步的理想。1956年,与以往办学模式不同,先生提倡建设博物馆,并在华侨出入国港口的厦门,亲自创办了华侨博物院,号召华侨为新中国的建设贡献一份力量。

1959年5月14日,陈嘉庚先生亲自主持华侨博物院隆重的开幕典礼。这是第一座由华侨集资在祖国创办的博物馆,是海外华侨与祖国密切相连的又一条重要纽带,与集美学校、厦门大学、在海外创办的华文学校,以及晚年建设的露天博物馆——集美鳌园,共同构成践行陈嘉庚先生教育理念的庞大体系。

2014年,在陈嘉庚先生140周年诞辰之际,习近平总书记给厦门市集美校友总会回信中说:"陈嘉庚先生是'华侨旗帜、民族光辉'。我曾长期在福建工作,对陈嘉庚先生为祖国特别是为家乡福建作出的贡献有切身感受。他爱国兴学,投身救亡斗争,推动华侨团结,争取民族解放,是侨界的一代领袖和楷模。他艰苦创业、自强不息的精神,以国家为重、以民族为重的品格,关心祖国建设、倾心教育事业的诚心,永远值得学习。"

2024年是陈嘉庚先生150周年诞辰，重温嘉庚先生创业、兴学和创办华侨博物院的历史，回顾陈嘉庚先生教育理念的形成与发展，我们更能深切感受陈嘉庚先生一生高瞻远瞩，心怀历史使命感，追求人类文明进步，忠诚于祖国，对社会和家乡作出了无私的、伟大的奉献。

目录

第一篇 陈嘉庚教育理念形成发展

第一章 南洋巨商 志怀祖国 ······ 003
一、南洋创业 ······ 003
二、赈灾抗战 ······ 010
三、回国参政 ······ 020

第二章 倾资办学 国民天职 ······ 023
一、创建集美学校 ······ 023
二、创办厦门大学 ······ 035
三、创办海外华文学校 ······ 042
四、倡建公共图书馆 ······ 044
五、建造露天博物馆——鳌园 ······ 049

第二篇 创建文化殿堂华侨博物院

第三章 壮心不已 倡办华博 ······ 057
一、初识"博物院" ······ 057
二、倡办华侨博物院 ······ 059

第四章 以侨之名 凝心聚力 ······ 064
一、慷慨解囊 ······ 064
二、踊跃捐物 ······ 070

第五章　擘画营建　亲力亲为 075
　　一、选定院址 075
　　二、指导建设 077
　　三、征集文物 084
　　四、打造展柜 088

第六章　呕心沥血　大功毕成 091
　　一、主持开幕 091
　　二、完善机制 098

第三篇　守护华侨华人心中的家园

第七章　保护文物　坚守初心 105
　　一、部分中国古代文物 105
　　二、部分外国文物 107

第八章　四海侨心　呵护成长 114
　　一、侨界关怀与捐赠 114
　　二、国内外各界关注 136

第九章　发展特色　家园情怀 144
　　一、基本陈列 145
　　二、部分与华侨华人有关的原创展览 149
　　三、接待海外华人寻根团 151
　　四、送展到学校、企业、部队等机构 153
　　五、外出办展 154
　　六、完善设施 159
　　七、所获国家级荣誉 160

结语 161
后记 162

教育之必需经济，经济之必赖实业。实业也，教育也，固大有互相消长之连带关系也明矣。

——陈嘉庚

[第一篇]

陈嘉庚教育理念形成发展

◎ 陈嘉庚（1874—1961）

　　陈嘉庚先生是一位在南洋艰苦创业并获得巨大成功的杰出企业家。他心系侨胞，推动华侨团结；他心系祖国，为争取民族解放，领导南洋华侨抗日救亡。长期在海外生活的所见所闻，让陈嘉庚先生也了解到英、美对教育非常重视，他立志捐资兴学以图祖国之富强。"教育为立国之本，兴学乃国民天职"，这是先生对教育和兴学的意义与责任的深刻认识。先生一以贯之，倾其所有，兴学办教，为国育才，创建了集美学校、厦门大学，在海外推动华文教育，倡建公共图书馆，晚年又创建了露天博物馆——集美鳌园和文化殿堂——华侨博物院。先生将学校教育和社会教育一步步推进，逐步形成自己独特的教育理念，推动社会文明进步。

第一章 | 南洋巨商 志怀祖国

陈嘉庚先生青少年时期南渡新加坡助父经商,积累经验,而立之年独立创业。他诚信经营,缔造涵盖多个行业的企业王国,为日后倾资兴学奠定了坚实的经济基础;他赤诚爱国,追随孙中山,参加中国同盟会;国难当头,他挺身而出,领导南洋华侨全力支援祖国对日抗战,为祖国的民族解放战争作出了巨大的贡献。

一、南洋创业

1874年(清同治十三年)10月21日,陈嘉庚先生出生于福建泉州同安县仁德里集美社(现属厦门市集美区)颍川世泽堂。1890年应父之召,南渡新加坡,在父亲的米店学习、摸索经商之道。父亲生意失败,他毅然承担起债务,替父还债,在华侨社会赢得诚信的美誉;独立创业后,他从擅长的黄梨业入手,拓展米业,发展航运业,主攻橡胶业,创设遍布世界的商业网络;他率先开创橡胶的种植、生产、销售一条龙,被誉为"橡胶大王",成为拥有千万资产的南洋巨商,蜚声海内外。

◎ 颍川世泽堂

◎ 19世纪90年代新加坡河驳船北码头

陈杞柏（1842—1909），陈嘉庚先生的父亲，19世纪70年代赴南洋谋生，开设"顺安"米店等多家"安"字号米业，店铺兼营地产，热心公益事业，是福建帮侨领之一。

◎ 陈杞柏

1900年,陈嘉庚先生返乡葬母守孝。其间父亲年迈,事业连年亏损,债台高筑。艰危之际,陈嘉庚先生毅然承诺代父还债,重振家业。

◎《南侨回忆录》中决定代父还债的相关记载

1904年春,陈嘉庚先生用7000元资本,在新加坡创办他的第一家黄梨罐头厂,取名"新利川",由此开始独立创业。

◎ 新利川罐头厂内部

◎ 陈嘉庚先生(摄于1905年)

陈嘉庚先生善于观察市场，开拓米业，获利颇丰。

◎ 陈嘉庚先生创办的位于新加坡芽笼桥头的恒美熟米厂

陈嘉庚先生慧眼独具，判定20世纪是橡胶的时代，便在黄梨园套种橡胶，成功后不断扩大种植规模。

◎ 南洋橡胶园的割胶场景

◎ 20世纪50年代割胶铁刀（泰国陈新嵘捐赠）

◎ 20世纪50年代割胶陶杯（泰国陈新嵘捐赠）

◎ 20世纪50年代割胶铑孝汽灯（泰国陈新嵘捐赠）

◎ 20世纪50年代马来西亚橡胶树干

19世纪末20世纪初，因应经济发展，东南亚华侨商业资本逐渐向工业资本过渡。陈嘉庚先生抓住商机，独立创业七年（至1910年）不仅还清父债，还成为有一定实力的华侨实业家（见表1-1）。

表1-1 陈嘉庚独立创业7年总核算

经营项目	获利/万元	支出项目	支出金额/万元	资产价值/万元
恒美公司及黄梨厂米店	45	顺安还债款	9	
福山园收黄梨	3	厂身砖庭折旧款	10	
树胶园	25	七年家费及义捐	8	
合计	73		约28	约45

资料来源：陈嘉庚：《南侨回忆录》，厦门大学出版社2022年版，第575页。

第一次世界大战爆发后，商船紧缺，运输困难，陈嘉庚先生抓住时机发展航运，既解决了原料、产品的积压问题，又承运外界物资，获利丰厚。1915—1918年仅航运一项获利160万元。

◎ 陈嘉庚先生（摄于1918年）

受一战和市场变化影响，橡胶制品需求量猛增。陈嘉庚先生果断地将黄梨罐头厂改为橡胶制品厂，实现了橡胶经营从单一的农业垦殖到兼有制造业的转变。

◎ 陈嘉庚公司的橡胶制品厂

◎ 陈嘉庚公司的制造轮胎车间

1919年，陈嘉庚先生整合各经营企业，并改组为陈嘉庚公司，以经营橡胶业为主，兼营航运、食品、肥皂、制药、火锯等多种行业，并注册"钟牌"商标。

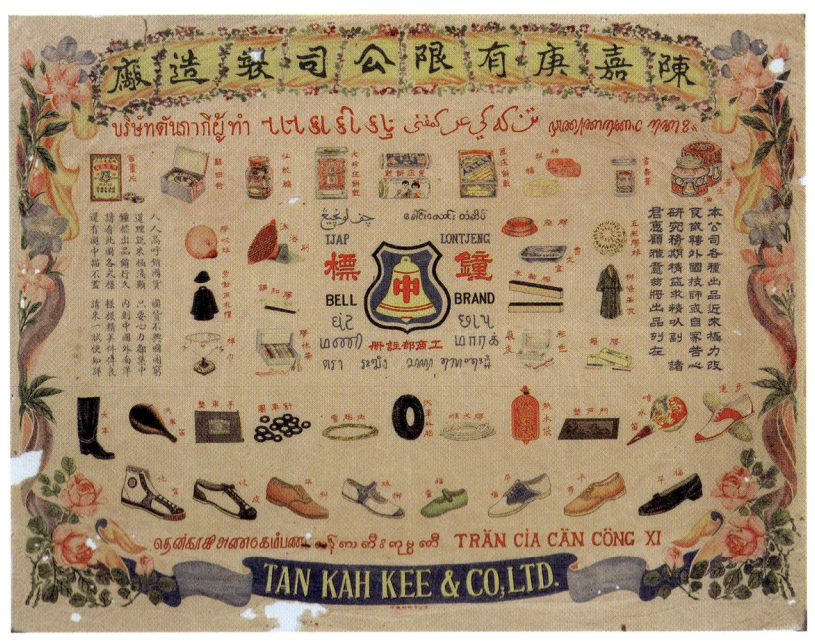

◎ 陈嘉庚有限公司制造厂广告（20世纪20年代，陈少斌捐赠）

为了更好拓宽企业产品销路，1923年陈嘉庚先生创办《南洋商报》，该报成为当时新加坡最大的华文报纸，不仅服务华人工商业，也推动了教育事业的发展。

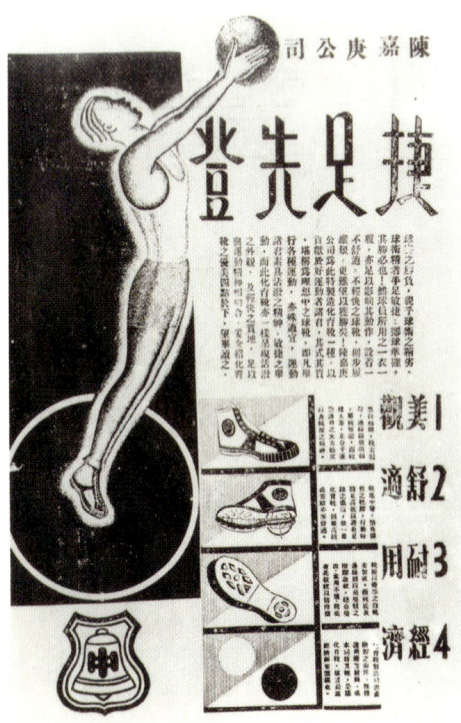

◎ 陈嘉庚公司的"捷足先登"广告

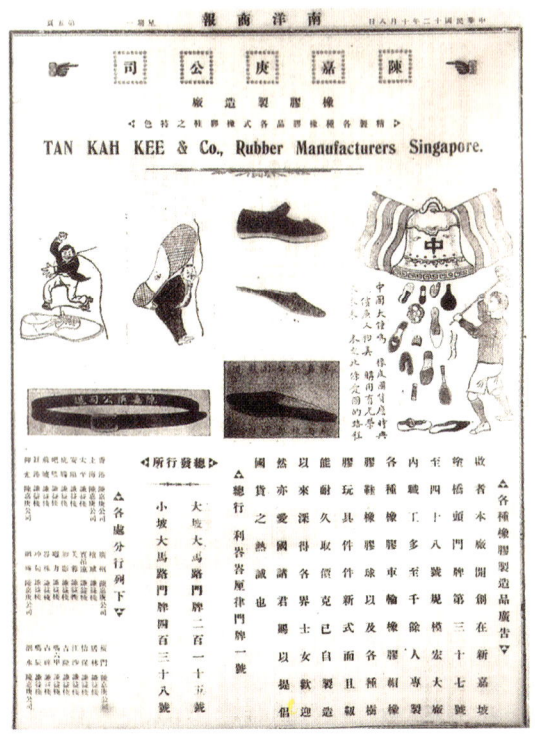

◎ 刊登在《南洋商报》上的陈嘉庚公司广告

坐落在利咨咨厘路1号的谦益公司，分掌陈嘉庚先生商业王国辖下米业、橡胶、黄梨、航运、工业、制造等各业之财务与营销活动。

◎ 谦益公司

至1925年陈嘉庚公司拥有橡胶园1.5万英亩，厂房30余处，设有分行80余间，代理商100余家，分布于五大洲的45个国家和地区，员工3万余人，实有资产达叻币1200万元，是当时新加坡最大的企业之一。

◎ 陈嘉庚公司内景

◎ 盖有新加坡陈嘉庚公司上海分行印章的和丰银行汇票（1931年6月27日）

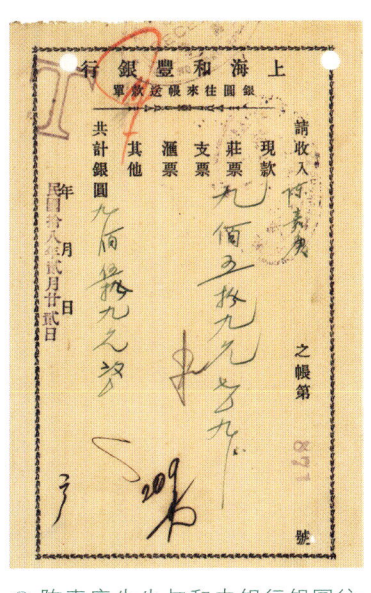

◎ 陈嘉庚先生与和丰银行银圆往来账送款单（1929年）

二、赈灾抗战

陈嘉庚先生以天下为己任，参加中国同盟会，支持孙中山领导的民主革命；热心于慈善公益事业，筹款赈济灾民，组织抵制日货等救亡图存运动；抗战爆发后，他领导南洋华侨为抗日战争和世界反法西斯战争的胜利作出艰苦卓绝的努力，立下了不朽的功勋，被毛泽东赞誉为"华侨旗帜、民族光辉"。

◎ 新加坡晚晴园

1909年，陈嘉庚先生在新加坡晚晴园与孙中山相识，并深受孙中山革命思想的影响，于1910年剪掉发辫，加入同盟会，之后出资、募捐支持孙中山的革命活动。

◎ 新加坡中国同盟会诸同志姓名表，陈嘉庚先生名列其中

武昌起义成功，同盟会会员在新加坡天福宫召开闽侨大会，陈嘉庚先生当选为新加坡福建保安捐款委员会正总理（主席），筹款支持福建革命政府。这段经历奠定了陈嘉庚先生在闽帮的领导地位。

◎ 召开闽侨大会的新加坡天福宫

◎ 1911年11月13日《叻报》报道陈嘉庚先生当选福建保安捐款委员会正总理

1923年2月，陈嘉庚先生当选为怡和轩俱乐部总理。他主持修订章程，树立新风范，使该组织逐渐成为团结侨领、领导侨众，开展政治、经济、文化和慈善活动的中心。1928年"济南惨案"爆发，怡和轩俱乐部印发重要传单，吁请召开全侨大会，共商赈济事宜。

◎ 1928年"济南惨案"爆发后怡和轩俱乐部印发的传单

新加坡成立了超越帮派、语言、阶层局限的"山东惨祸筹赈会"，陈嘉庚先生当选主席。此为南洋华侨第一次有组织有领导的抗日活动，也是陈嘉庚先生第一次进入华侨抗日领导层。

◎ 新加坡山东惨祸筹赈会董事部(1928年11月1日)

◎ 新加坡山东筹赈会妇女部全体合影（前排右二为陈嘉庚先生长女陈爱礼）

陈嘉庚先生广泛发动群众，全面开展筹款赈灾和抵制日货运动，显示出非凡的领导才能，其政治威望得到了空前提高，在南洋华侨社会的领导地位得以确立。

南洋各地抵制日货运动

新加坡讯：以前本坡鱼市之鱼，几全取之于日本渔船，所以在新加坡沿海经常停泊有很多的日本渔船。现因本坡居民的抵制日货运动，日本渔船之鱼已无人过问，日本渔船开往荷印巴达维亚作业。日本渔船队因之停泊日久，已决定改悬荷兰旗，全队出动，完全取消日本渔船队。

本坡反法西斯大同盟、公布宣言，反战，要求澳洲工会、澳洲国民协会，共同组织，以及主张和平的社团，一致抵制日货运动。

◎《救国时报》关于南洋各地抵制日货运动的报道

七七事变震惊了海外侨胞，各地纷纷成立抗日救亡团体。1937年8月15日，陈嘉庚先生在新加坡华侨中学礼堂主持召开侨民大会，筹组星华筹赈会。

◎ 星华筹赈会筹建大会（1937年）

抗战全面爆发后，南洋各地抗日救亡活动风起云涌，但各自为战，缺乏统一领导。1938年10月10日，南洋各属华侨筹赈祖国难民会代表大会在新加坡召开。

◎ 1938年10月11日《南洋商报》专版介绍南侨总会成立盛况

南洋45个城市的华侨救亡组织代表和华侨代表168人出席大会，一致赞同成立南洋华侨筹赈祖国难民总会（简称"南侨总会"），公推陈嘉庚先生为主席。

◎ 陈嘉庚先生在南侨总会成立大会上演说号召华侨支持祖国抗日

在南侨总会的号召下,南洋华侨第一次不分地域、帮派,不分信仰、阶层,空前团结,广泛开展义卖、义演、义捐活动,募捐巨款,捐献飞机、汽车、衣物、药品等战时物资,全力以赴支持祖国抗战。

◎ 菲律宾侨胞赶制救伤袋

◎ 结婚不忘救国,华侨萧丕居将女儿结婚时所受贺礼1.8万元全部捐出

◎ 在成都机场举行的广东军民华侨献机仪式

3200多名南侨机工响应南侨总会和陈嘉庚先生号召,奔赴祖国抗日前线,在滇缅公路上抢运战略物资。

◎ 新加坡华侨夹道欢送奔赴抗战前线的青年机工

1940年3月，南侨总会主席陈嘉庚先生率"南洋华侨回国慰劳视察团"遍访西南、西北各省，历时十余月，行程数万公里，慰劳抗日军民，呼吁团结抗战。

◎ 陈嘉庚先生（前排左五）与南侨慰劳团成员合影

陈嘉庚先生率慰劳团在重庆等地视察时，广泛接触各界人士，对国民党政府的专制、腐败和"前方吃紧、后方紧吃"的现状深感惊讶、不满，慨叹"国家前途深可忧虑"。

◎ 陈嘉庚先生一行抵达重庆机场

1940年5月31日，陈嘉庚先生排除重重阻挠，在南侨总会常务委员侯西反（右二）和秘书李铁民（左一）的陪同下到延安慰劳共产党领导的抗日军民。这里政治清明、官兵平等、团结抗日的景象使他备受鼓舞，看到了希望。

◎ 陈嘉庚先生、侯西反、李铁民等抵达延安

回到新加坡后，陈嘉庚先生出席新加坡华侨在快乐世界运动场举行的盛大欢迎会，他客观、翔实地介绍了在祖国各地的见闻，向人们传递信息：中国的希望在延安。

◎ 1941年1月5日，陈嘉庚先生在新加坡向欢迎者介绍在祖国各地的见闻

1941年12月，日军逼近新加坡，陈嘉庚先生临危受命，成立新加坡华侨抗敌动员后援会，此系英殖民政府首次授权华侨代表人物主持抗日工作。

 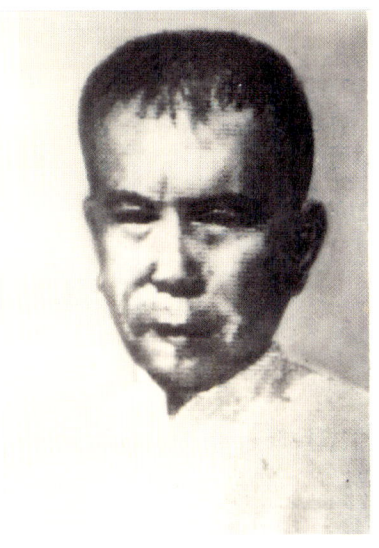

◎ 太平洋战争爆发前夕，陈嘉庚先生（前排中）与马来半岛英军总司令白思华中将（前排左一）、英国空军远东司令官布福少将（前排右）及部分侨领合影

◎ 陈嘉庚先生剃须改装照

1942年新加坡沦陷，陈嘉庚先生剃须改装，化名李文雪，在黄丹季等厦大、集美校友的帮助下，避难爪哇，住在玛琅巴兰街4号。他身携剧毒药品，随时准备以身殉国。

◎ 陈嘉庚先生避难爪哇的住所

避难期间，陈嘉庚先生凭记忆撰写长篇巨著《南侨回忆录》以及《住屋与卫生》《我国行的问题》两篇专论、《生平二十件要事》、记述家世、养生八项原则等。抗战胜利后，陈嘉庚先生重返新加坡，对《南侨回忆录》作了若干补辑，并于1946年初在新加坡首次出版发行。该书记录了南洋华侨襄助祖国所作出的巨大贡献及陈嘉庚先生服务社会之经过，是华侨史上一部不朽之作；《住屋与卫生》写于1945年，曾于同年印刷三千本"单行本"，之后又多次重印寄赠国内各地。该书是普及住屋卫生知识的通俗读物，旨在向民众宣传"战后建国首要"具备之知识。

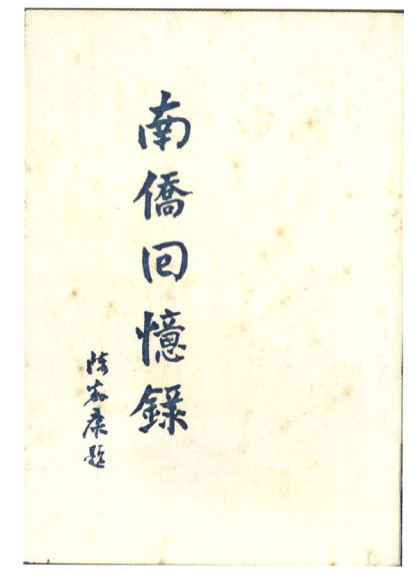

◎《南侨回忆录》（陈嘉庚先生著，1946年版，1979年后多次再版）

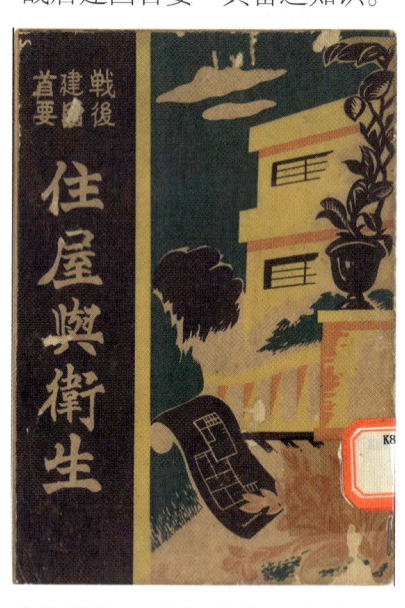

◎《住屋与卫生》（陈嘉庚先生著，1949年2月第四版，南侨总会印赠）

◎ 新加坡中华总商会联合各社团举行盛大欢迎会，庆祝陈嘉庚先生安全归来

抗战胜利后，海内外纷纷集会，庆祝陈嘉庚先生安全返回新加坡。1945年10月21日，新加坡中华总商会联合各社团举行盛大欢迎会，庆祝陈嘉庚先生安全归来。

◎ 陈嘉庚先生在欢迎会上致辞

1945年11月18日,重庆各界举行"陈嘉庚先生安全庆祝大会"。毛泽东送来的电贺贺词"华侨旗帜、民族光辉"成了最高的历史性评价。

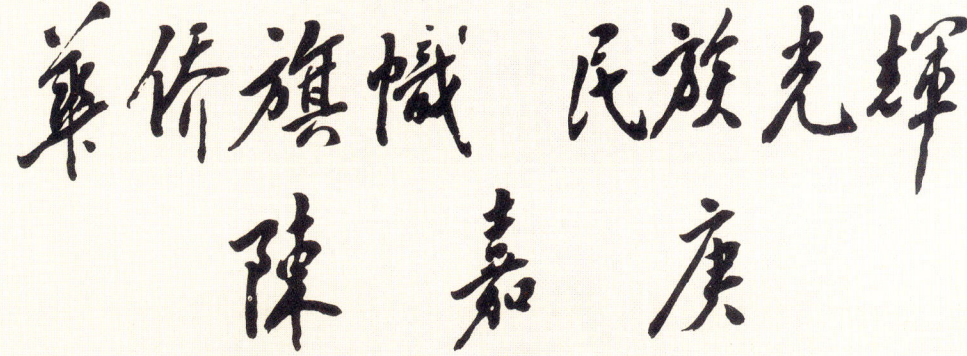

◎ 1984年,邓小平为全国政协等机构编辑出版的《陈嘉庚》画册题词

三、回国参政

中华人民共和国成立后,陈嘉庚先生回国定居。他历任中央人民政府委员,华侨事务委员会委员,中国人民政治协商会议全国委员会第一届常委,中国人民政治协商会议第二届、第三届全国委员会副主席,第一届、第二届全国人民代表大会常务委员会委员,中华全国归国华侨联合会首届主席等职,多次视察祖国各地,向人大、政协提交多项提案和建议,为共和国的政权建设和经济、文化建设作出了重大贡献。

1948年4月30日,中共中央发布"五一口号"。陈嘉庚先生代表新加坡120个华侨团体致电毛泽东,率先响应。

◎《华商报》报道新加坡侨团拥护"五一口号"

1949年5月,陈嘉庚先生应毛泽东邀请,回国参加新政协筹备会,出席开国大典,并将参加新政协筹备的详细情形镌刻于华侨博物院留存。

◎ 新政协筹备会常务委员合影浮雕(1959年)

1950年5月，76岁高龄的陈嘉庚先生惜别家人，离开生活60年的新加坡，回国定居，为新中国建设"尽国民一份子之天职"。

◎ 陈嘉庚先生与亲属合影

博物大观
陈嘉庚教育理念与华侨博物院

◎ 1954年9月,陈嘉庚先生在第一届全国人民代表大会第一次会议上发言

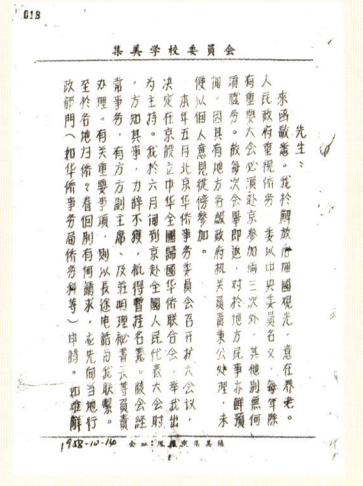

◎ 陈嘉庚先生信函(1956年年底)

◎ 1955年陈嘉庚先生视察郑州郊区红光第一农业生产合作社

◎ 1956年陈嘉庚先生视察国营连城松香厂

第二章 | 倾资办学　国民天职

陈嘉庚先生经商取得巨大成功，在南洋华侨社会的领导地位得以确立。但他在新加坡深感"祖国贫穷落后，政府腐败无能，华侨犹如海外孤儿"，也了解到英、美对教育非常重视，他立志捐资兴学以图祖国之富强。基于"国民之发展，全在乎教育""教育为立国之本，兴学乃国民天职"的认识，陈嘉庚先生于1912年回到集美，开启了家乡教育事业的新纪元。陈嘉庚先生先后创办了集美学校、厦门大学，在海外创办和资助新加坡南洋华侨中学等各级各类学校。他还关切社会教育，开办民众夜校，倡办公共图书馆，在家乡集美建设露天博物馆——鳌园等社会教育机构，践行自己的教育理念。

一、创建集美学校

陈嘉庚先生在缔造企业王国的同时，开创了倾资兴学的伟业，他怀着"教育救国"的信念，回乡办学，十余年间，创办了包括幼稚园、小学、中学、职业专科的集美学校，构建了普通教育与职业教育并重、男女学兼备的完整教育体系。他毕其一生，倾其所有，为集美学校建设发展，呕心沥血，鞠躬尽瘁。

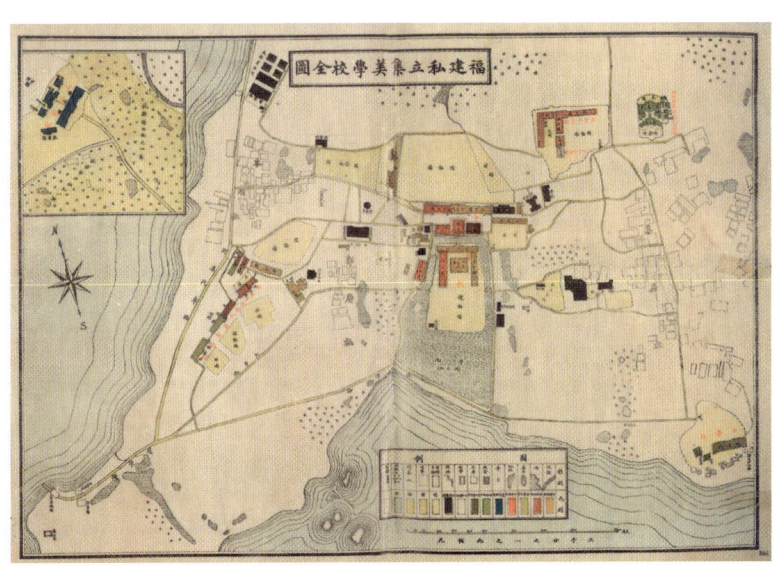

◎ 1933年私立集美学校全图

1894年冬，陈嘉庚先生奉母命回乡完婚时见乡社教育颓废，民智浅陋，遂出资2000银圆创办"惕斋学塾"，此为其捐资兴学的开始。

◎ 惕斋学塾

辛亥革命推翻封建专制，陈嘉庚先生备受鼓舞，决定回乡兴学报国。1913年陈嘉庚先生创办乡立集美两等小学，奠定了集美学校的基石。

◎ 1914年，集美小学全体师生在新校舍前合影

1916年，陈嘉庚先生委派胞弟陈敬贤及其夫人王碧莲回乡筹办师范学校和集美中学，并增办女子学校，自此陈敬贤夫妇成为陈嘉庚先生办学的得力助手。

◎ 陈敬贤（摄于1918年）

1917年2月，集美女子小学突破封建禁锢，开风气之先，在向西书房开学。

◎ 集美女子小学全体师生合影

1918年3月10日，集美师范学校和中学开学，主要招收来自闽南、闽西和广东潮州、梅县一带的贫寒子弟及南洋侨生。

◎ 集美师范学校全体师生合影

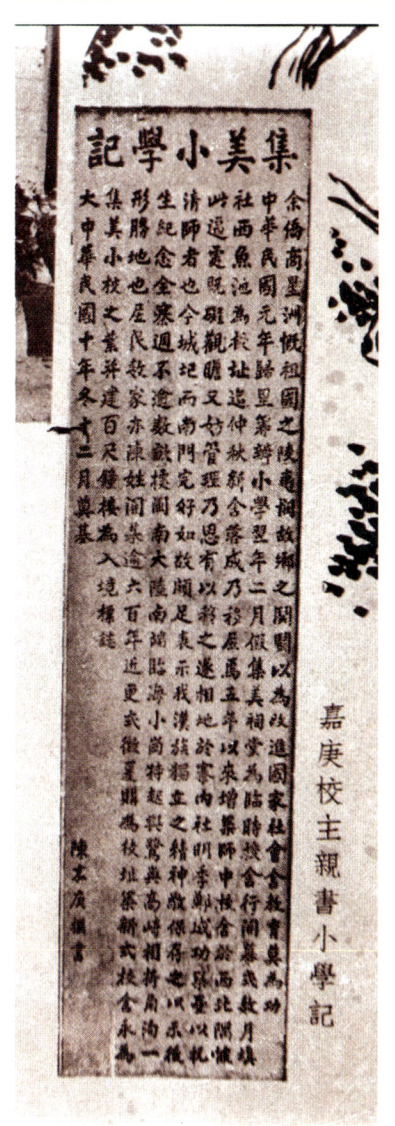

◎ 陈嘉庚先生亲撰《集美小学记》，阐明创办集美小学的动机和经过

◎ 陈嘉庚先生关注学前教育，1919年开办的集美幼稚园，是全国最早创办的幼儿园之一。1926年兴建的园舍养正楼、葆真堂，在当时被盛赞为全国幼稚教育之第一建筑物

为救亡图存和民族崛起，陈嘉庚先生应时而为，兴办各种专业学校，1920年2月创办集美学校水产科，1925年春增设航海科。

◎ 1925年集美学校水产部学生毕业合影

为培养商业人才、发展实业，陈嘉庚先生于1920年8月创办集美学校商科。

◎ 集美学校商科打字教室

为挽救福建教育,造就师资,陈嘉庚先生创办各类师范学校,1921年设立女子师范部,辖女子小学,招收女子师范讲习科和预科。

◎ 集美女子师范部教学楼——尚忠楼

为改变农业落后面貌,培养农林科技人才,1926年陈嘉庚先生创办集美农林学校。

◎ 集美农林学校学生下农田实习

20世纪20年代初,军阀混战,为了保证集美学校的教学秩序和师生安全,1923年10月,孙中山大元帅大本营特批承认集美学村为"中国永久和平学村"。"集美学村"自此得名,沿用至今。

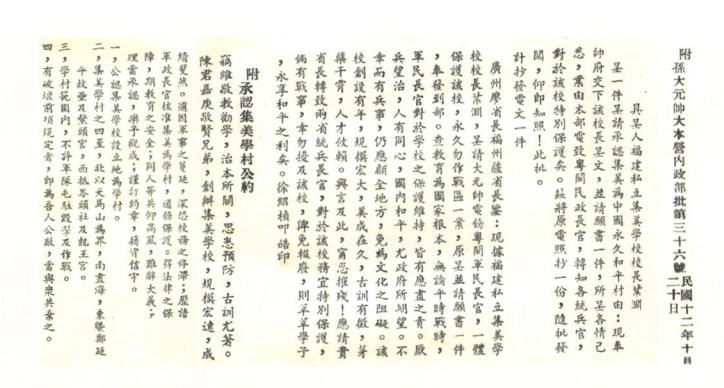

◎ 孙中山大元帅府特批承认集美学村为"中国永久和平学村"批文(1923年10月20日)

至 1927 年，集美学校分设 11 所独立校，并设置一系列为师生学习、工作、生活服务的公共设施，包括医院、图书馆、储蓄银行、科学馆、美术馆、教育推广部等。

◎ 集美医院

◎ 美术室

◎ 科学馆

◎ 图书馆

陈嘉庚先生不仅重视学校教育，而且关注社会民众扫盲教育。1914年，在集美陈氏宗祠开设通俗夜校，对村民进行扫盲教育，开辖区成人教育之先河。

◎ 集美陈氏宗祠

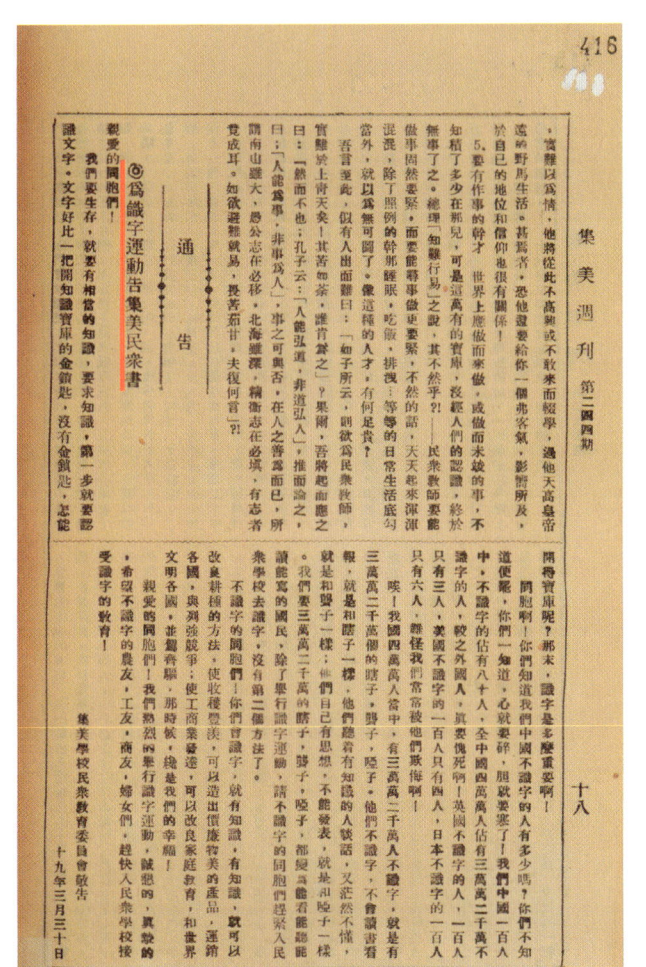

1930年2月，集美学校成立"民众教育委员会"，开展民众识字运动。

◎ 1930年3月30日集美学校民众教育委员会发布的《为识字运动告集美民众书》

第二章 倾资办学 国民天职

集美学校开办4所民众学校，其中男校2所、女校2所，教授民众读书、写字、算术、写信等。

◎ 1930年刊登在《集美周刊》上的集美民众学校概况

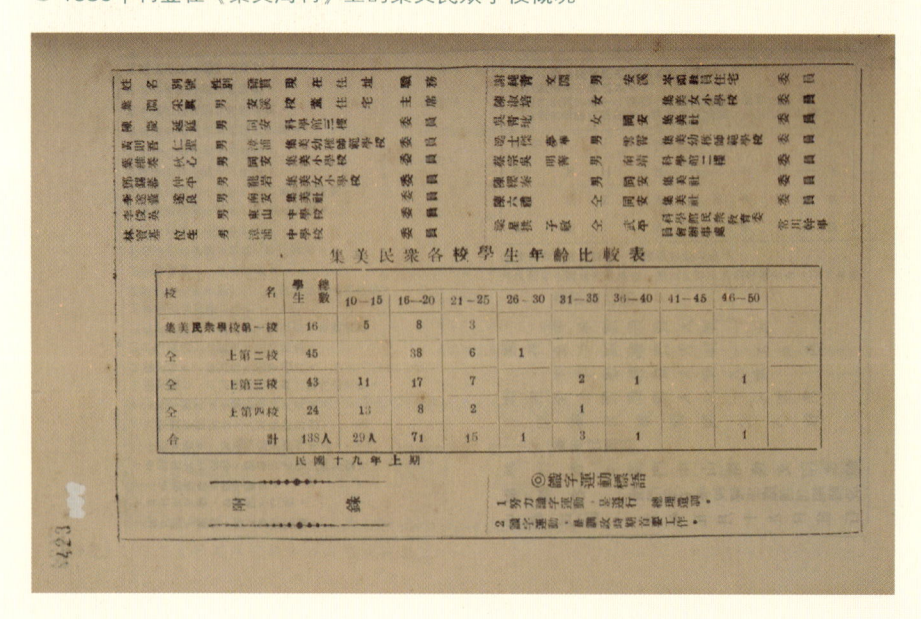

◎ 1930年刊登在《集美周刊》上的集美民众各校学生年龄比较表

◎ 集美民众妇女夜校全体师生

◎ 1933年集美民众妇女夜校师生合影

  1950年陈嘉庚先生回归集美定居，开始推动集美学校新一轮的建设。集美学校在抗战中屡遭日军轰炸炮击，据不完全统计，自1938年5月至1942年春多达40余次，校舍倒塌烧毁，损坏不堪。在实施战后复原计划中，虽接受政府部门的拨助经费和海内外校友的捐赠，进行了大部分校舍的修葺，却于1949年又被蒋军飞机空袭摧残。陈嘉庚先生面对困难，意志弥坚。他说："总要想办法把被破坏的校舍修好，并加以扩大。"陈嘉庚先生主持集美学校的规划，不仅修复战争时被破坏的建筑，同时展开大规模的校舍建设。

从1950年启土兴工到1963年道南楼最后告竣，总建筑面积达17万平方米，建筑费用达1050万元。除政府拨款外，陈嘉庚先生筹捐资金575万元。自1950年9月5日回到集美定居至1961年8月12日逝世，陈嘉庚先生亲自主导了全部重要建筑物的设计和施工，南侨楼群、克让楼、福南大礼堂、图书馆、体育馆、新诵诗楼、黎明楼、福东楼、海通楼、航海俱乐部、南薰楼，以及鳌园、命世亭和龙舟池亭等，包括遵其遗嘱而于1962年建成的归来堂以及1959年奠基延至1963年建成的道南楼。陈嘉庚先生对于建筑工程，无论是图纸设计、选址定位，还是建材采购、费用计算，乃至亲莅现场、监理督工，每日必巡集美校舍三次，事无巨细地亲自过问和查察。他说，如此是为保证质量，节俭开支，凡此布置都是为远道来集美学习的青年创造优美的进修环境。

◎ 1953年建成的延平楼

◎ 1950年代的教书楼、文学楼、诵诗楼和尚忠楼

◎ 陈嘉庚先生由管理人员陈火盛陪同巡视南侨楼群建筑工地

◎ 南侨楼群全景（1962年）

◎ 福南堂（1954年）

◎ 图书馆（1954年）

◎ 体育馆（1955年）

◎ 新诵诗楼与尚忠楼（1955年）

◎ 福东楼（1958年）

◎ 南薰楼（1959年）

◎ 建设中的道南楼（1961年）

二、创办厦门大学

陈嘉庚先生从办学的实践中认识到,中等师资的培养、各项专门人才的培植,均有赖于高等教育。至1918年11月,陈嘉庚先生企业实存资产已达400万元,坚定了他回国兴办大学的决心。1919年6月底,陈嘉庚先生回到集美,不久即亲拟并发布《筹办福建厦门大学校附设高等师范学校通告》,宣告"鄙人久客南洋,志怀祖国,希图报效,已非一日,不揣冒昧,拟倡办大学校并附设高等师范于厦门"。1919年7月13日,陈嘉庚先生假座厦门浮屿陈氏宗祠,邀请各界知名人士300余人召开"特别大会"。他在会上发表演讲,报告筹办厦门大学详情,并当场捐资100万元用于建设校舍和购置设备、300万元作为经常费,共400万元洋银。

◎ 厦门浮屿陈氏宗祠

1921年4月6日,厦门大学暂借集美学校即温楼、明良楼等作为校舍,正式开学。

◎ 即温楼

至1926年，厦门大学成为国内科系最多的5所大学之一，涵盖文、理、教育、商、工、法6科，下分19个系，以"面向华侨、面向海洋、注重实用、注重研究"的办学特色闻名中外，被誉为"南方之强"。

◎ 1922年2月，陈嘉庚先生（左一）、林义顺（左三）、林文庆（右一）等视察初建的厦门大学工地

◎ 1922年落成的厦门大学首批教学楼——群贤楼群

◎ 1926年厦门大学校园全景

厦门大学本科第一号毕业证书持有者为林惠祥（1901—1958），我国著名的人类学家、民族学家、博物馆学家和考古学家，厦门大学人类博物馆创建者。林惠祥曾在南洋响应陈嘉庚先生号召，积极参与南侨总会的活动，战后还参加陈嘉庚先生主持的南侨总会相关资料的收集、整理，并协助编辑、出版《南侨回忆录》《大战与南侨》。

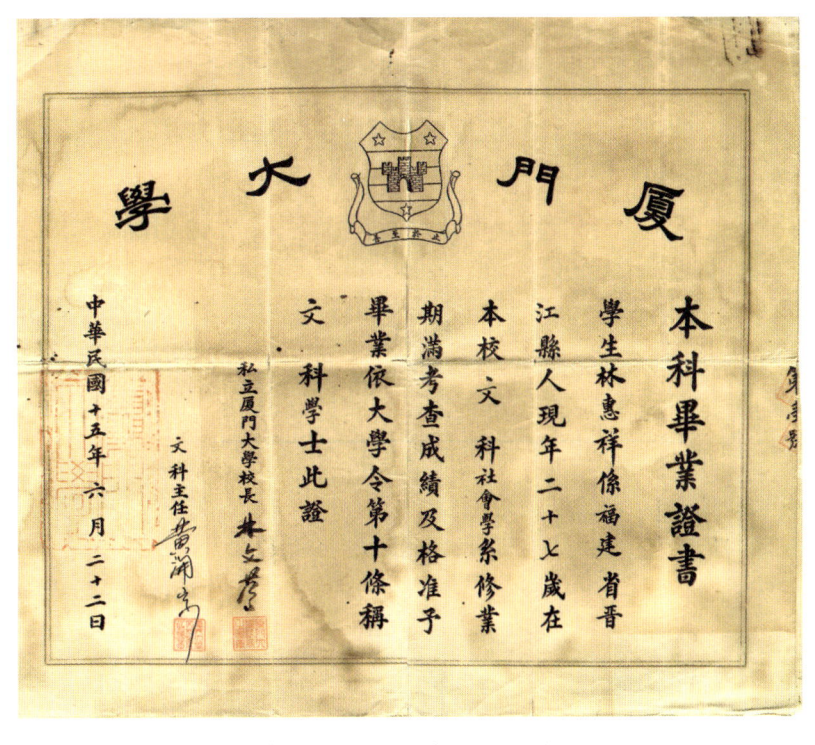

◎ 厦门大学本科第一号毕业证书（1926年6月22日）

1929年世界经济危机爆发，陈嘉庚先生企业损失惨重，被迫于1931年改组为"陈嘉庚有限公司"。为坚持办学，陈嘉庚先生多方筹措，甚至选择"企业可以收盘，学校不能停办"。

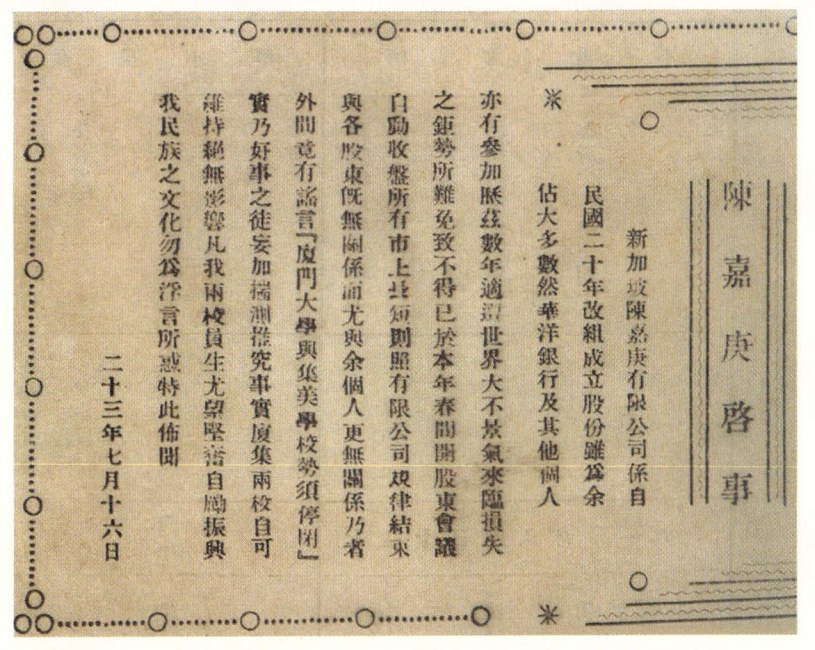

◎ 1934年7月16日刊登在《集美周刊》的《陈嘉庚启事》

1934年陈嘉庚有限公司宣布企业收盘，为维持厦大的办学，他毅然变卖家人居住的三幢大厦，所得悉数充作厦大经费。"宁可卖大厦，也要办厦大！"在海内外传为佳话。

◎ 陈嘉庚先生位于新加坡经禧律42号的三幢别墅之一

1937年，陈嘉庚先生考虑到"厦集两校虽可维持现状，然无进展希望"，为"免误及青年"，集中力量发展集美学校，遂无条件将厦门大学献给政府，改为国立。

◎ 新加坡报纸关于厦大改为国立的报道（1937年7月5日）

◎ 李光前（1893—1967），陈嘉庚先生的长女婿

解放战争时期，面对战乱局势，陈嘉庚先生身在异国，心系厦大，寄语嘱咐全体教职员和学生，"大家安心，保全校产，等待解放"。中华人民共和国成立后，先生离开新加坡回归集美定居。

1950年1月6日下午，出任首届全国政协常委及中央人民政府委员的陈嘉庚先生，由中央侨务委员庄明理等陪同来到阔别28年的厦大视察，首先巡视学校各处的楼房和运动场各地，并到膳厅和寝室看望学生，了解他们的生活情况。8日晚6时，学校在大膳厅举行1700多人参加的盛大欢迎会，陈嘉庚先生在会上作了3个小时的讲话，畅谈新厦大远景，勉励大家"负起建设新中国的责任"。

这年夏天，厦大新任校长王亚南拜晤在北京出席政协全国委员会第一届第二次会议的陈嘉庚先生，"请其提示办校意见，并述学校校舍大部毁于炮火情形"。陈嘉庚先生听后，虽然"当时未明白表示支援"，但他决定向女婿李光前筹款，支持厦门大学校舍的修复和扩建。10月22日，参加北京会议回到厦门后，陈嘉庚先生便"偕陈村牧等十数人"来厦门大学，"察勘校舍建筑地址"。他在会见王亚南校长时说："学校校舍不敷情形即函李（光前）先生资助，刻李先生已来函慨允请即着手筹建。"次日致函王亚南校长，提出对校舍修建的一些想法与实施建议，隔天晚上又通过陈村牧转达若干有关建筑的具体意见。

◎ 陈嘉庚先生巡视芙蓉楼、丰庭楼建设工地（1951年7月）

◎ 陈嘉庚先生巡视国光楼群建设工地（1951年7月）

◎ 陈嘉庚先生到厦门大学建筑部指导工作（1952年）

◎ 1953年10月，厦门大学建筑部成立两周年，陈嘉庚先生与建筑部人员合影（前排左三为陈嘉庚先生，右三为建筑部主任陈永定）

◎ 芙蓉楼群和芙蓉湖（1954年）

◎ 陈嘉庚先生视察完成校舍工程建设的厦门大学（1955年）

◎ 1956年，陈嘉庚先生在厦门市委书记袁改（左二）、市长李文陵（左三）、副市长张楚琨（左一）和厦门大学党委书记陆维特（右三）陪同下偕黄丹季（右二）参观厦门大学

◎ 建南楼群（1956年）

◎ 陈嘉庚先生在建南大会堂举行的新校舍落成典礼上讲话，集美学校校董陈村牧同台为陈嘉庚先生讲话作普通话翻译

三、创办海外华文学校

陈嘉庚先生重视海外华文教育，1910年12月，出任新加坡福建会馆道南学堂第三届总理（即董事会主席）。他积极筹款，建筑新校舍，并为这所福建会馆属下最早的新式学校改名道南学校。他还大力支持新加坡福建会馆属下的爱同学校、崇福女校、南洋女校等，对东南亚华文教育作出了卓越的贡献（见表2-1）。

◎ 道南学校

◎ 爱同华文小学

◎ 新加坡崇福女校校章（20世纪早期，新加坡陈来华捐赠）

◎ 新加坡崇福女子学校

1919年，陈嘉庚先生打破帮派地域的界限，联络15所华侨小学总理，创办了新加坡第一所华文中学——新加坡南洋华侨中学，并被推举为董事长。

◎ 1919年新加坡南洋华侨中学第一届董事会合影（前排中坐者为陈嘉庚先生）

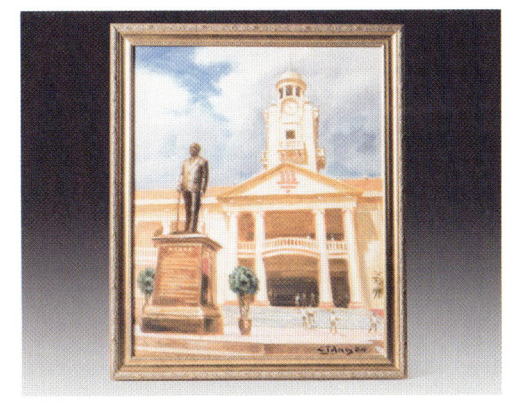

◎ 油画《新加坡华侨中学》（作者洪志腾，新加坡陈立人捐赠）

表2-1　1907—1941年陈嘉庚捐助新加坡各校情况

学校名称	年份	金额/叻币	备注
道南学校	1907	1000	
	1911	2000	
	1911—1929	10000	另年捐100叻币
中华女校	1928	500	
爱同学校	1923	10000	
	1925	5000	给爱同及其他三校
	1919	3000	
	1918	1000	
南洋工商学校	1927	1000	
	1929	1000	
华侨中学	1918	30000	
	1926	8000	
	1927	9000	
	1923—1929	10000	
	1923	10000	
	1919—1934	9000	另年捐600叻币
英华学校	1919	30000	
莱佛士学院	1929	10000	
启发学校	1922	500	
德光岛爱华学校	1922—1929	2400	另年捐300叻币
养正学校	1923	500	
光洋学校	1922	250	
中南学校	1925	1000	
南洋师范学院	1941	10000	

四、倡建公共图书馆

陈嘉庚先生把兴办公共图书馆作为推广国民教育的一个重要组成部分，先生认为图书馆是学校，图书馆员是高级教员。接待一名读者，借出一本好书，就是播下一颗知识的种子。

1925—1926年，陈嘉庚先生致函集美学校校长叶渊，拟在厦门、福州、上海兴办公共图书馆。

《集美周刊》第124期（1925年12月21日）　　　《集美周刊》第129期（1926年1月25日）

◎ 《集美周刊》关于陈嘉庚先生兴办图书馆的报道

1925年11月26日，陈嘉庚先生致函叶渊，谈及计划在厦自办图书馆，同时与福建教育会和商会合办省会福州图书馆，并提出图书馆的创办规模，要求馆址的选择要以公众利便为主。

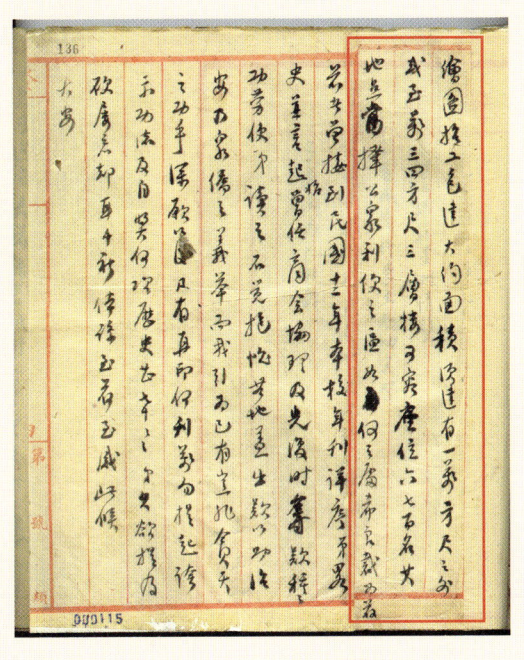

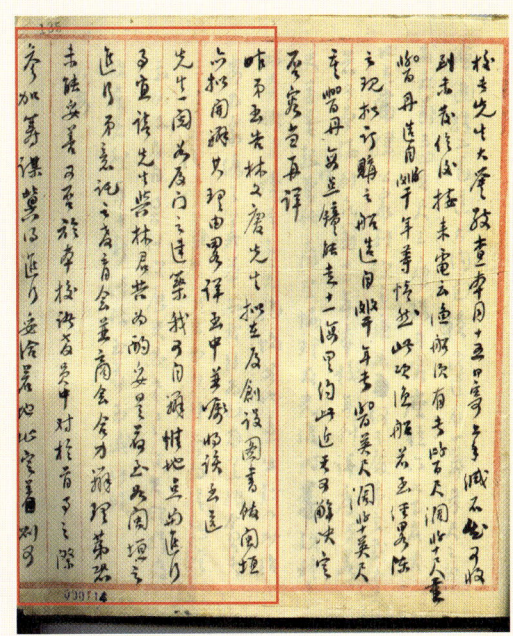

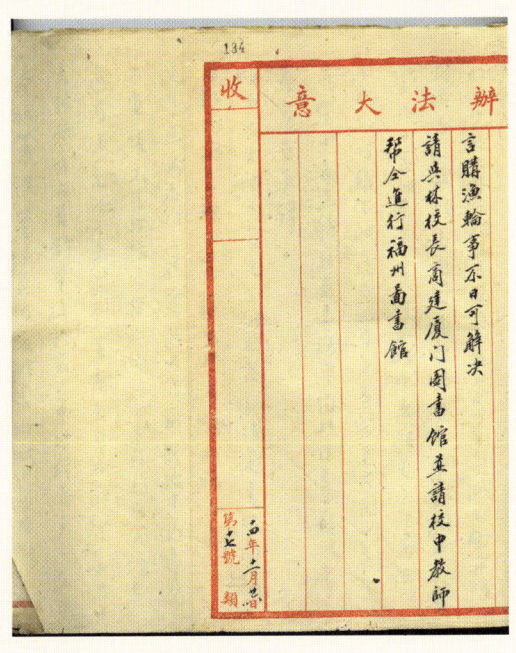

◎ 陈嘉庚先生致叶渊函（1925年11月26日）

1926年1月16日，陈嘉庚先生致函叶渊，嘱其赴上海与黄炎培、余日章等商量在上海、福州创设公共图书馆事宜，还考虑两家图书馆的选址问题，希望未来三年在"国中都会、巨镇、省会各设图书馆附博物院"，并每年安排八百万预算经费用于图书馆。

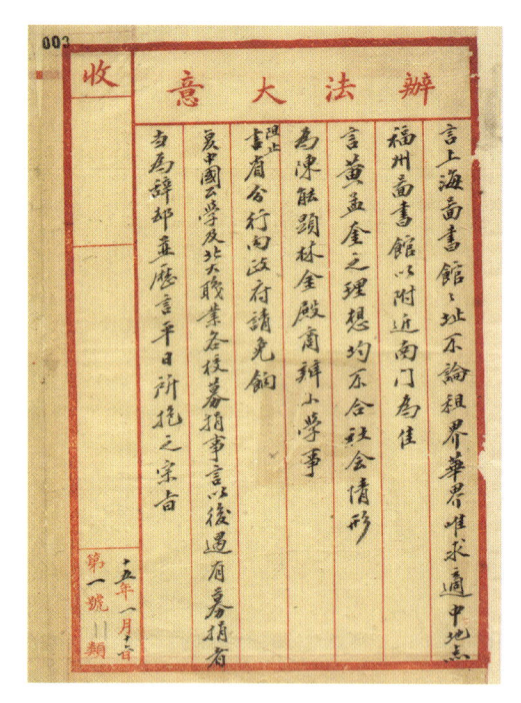

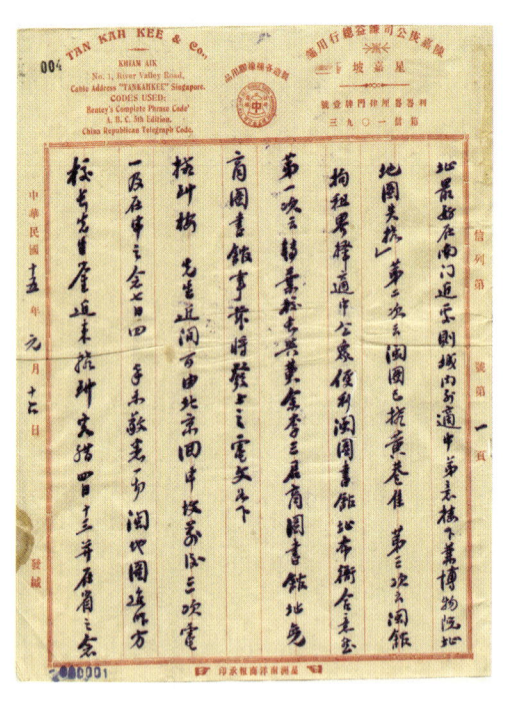

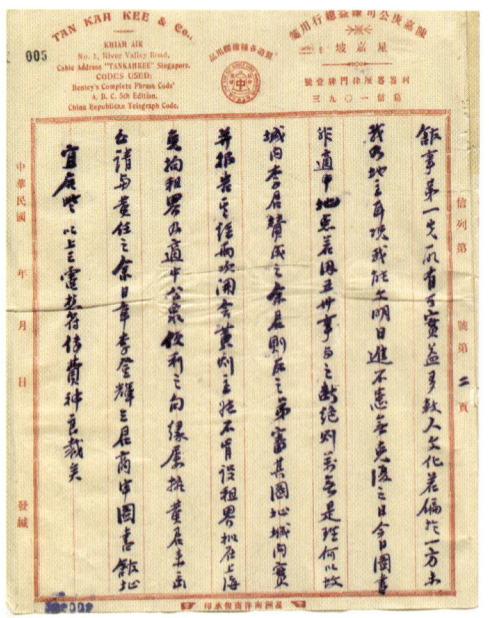

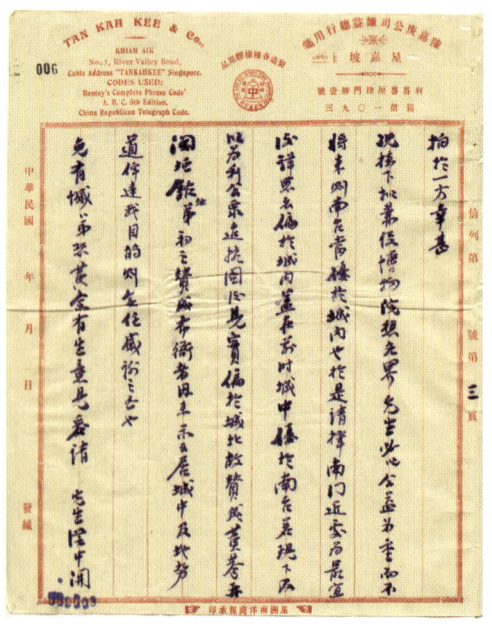

◎ 陈嘉庚先生致叶渊函（1926年1月16日）

集美图书馆的前身是陈嘉庚先生1918年创办的集美学校图书馆,是厦门最早的图书馆,1972年3月改为向集美各校和社会公众服务的公共图书馆。

◎ 1970年代修缮后的集美图书馆

陈嘉庚先生不仅重视国内公共图书馆的建设,在海外也积极推动图书馆事业的发展。1923年,陈嘉庚先生在怡和轩俱乐部设立图书馆,培养阅读风气,传播科学文化知识,教化社会人群。

◎ 新加坡怡和轩俱乐部

1926年陈嘉庚先生在公司内部设立职员俱乐部,积极为公司职员创造阅读条件,拨款配置大量书籍报刊供公司职工阅读,以增益知识,涵养性情,养成健康的休闲方式。

◎ 陈嘉庚公司职员俱乐部

陈嘉庚先生重视华侨青年的社会教育问题，积极倡议在华侨社团组织内设公共图书馆。1929年2月，陈嘉庚先生在《南洋商报》发表《倡设中华会馆改造中华总商会刍议》，倡设中华会馆，内设公共图书馆，以开化智识。

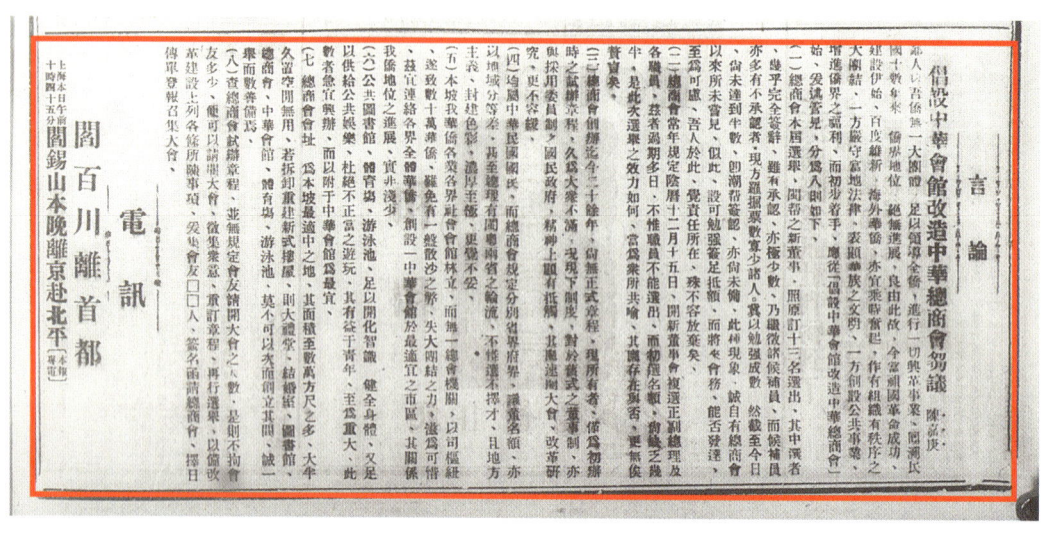

◎ 陈嘉庚先生发表《倡设中华会馆改造中华总商会刍议》（1929年2月4日）

1939年，陈嘉庚先生再次建议在星洲建筑中华大会堂，设立公共图书馆，辅助社会教育，提高民智。

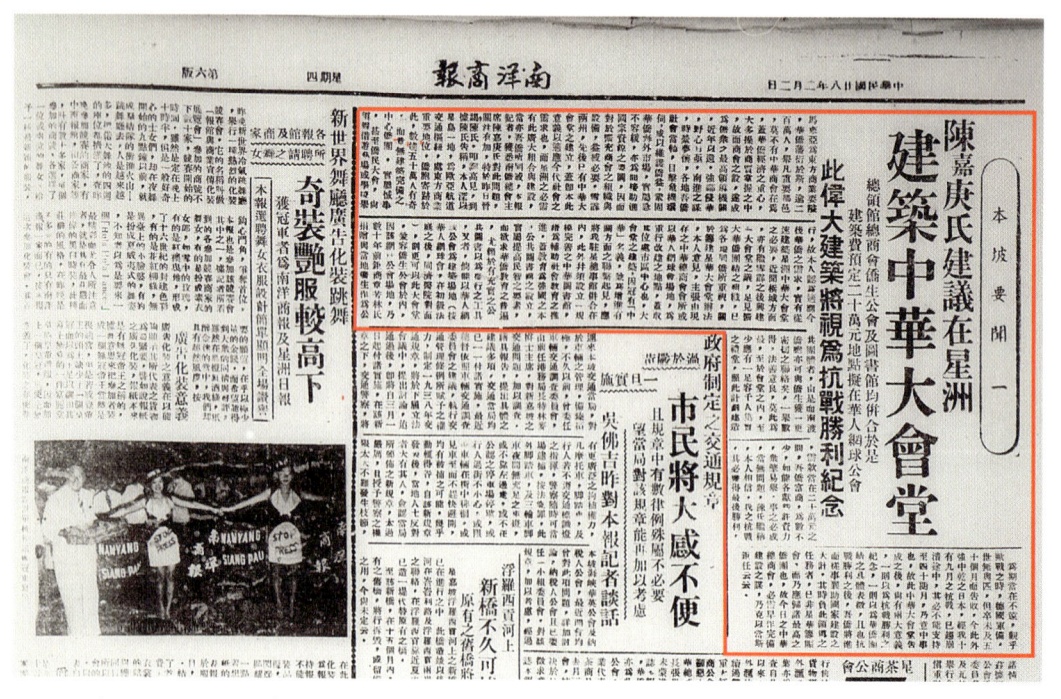

◎ 1939年2月2日刊登在《南洋商报》上的建筑中华大会堂有关报道

五、建造露天博物馆——鳌园

位于厦门集美的鳌园，是集美解放纪念碑所在地，也是著名爱国华侨领袖陈嘉庚先生的长眠之地，为陈嘉庚先生生前建造。陈嘉庚先生墓与集美解放纪念碑以石屏风相隔，陈嘉庚先生将自己一生的主要经历刻于墓圹周边青石板，生平任由评说。先生以家乡故土为最后归宿，愿与烈士英灵永远为伴，无声地表达了对为集美解放作出牺牲的烈士们的追思。

鳌园是一座伟大的建筑，满园精美的石雕刻，是20世纪中国民间石雕刻艺术的宝库。鳌园石刻内容，在相当程度上是当时中国政治经济文化社会发展水平的一个缩影。我们从中可以感受到陈嘉庚先生海纳百川、有容乃大的博大胸襟以及纵览全局、仰俯万类的真知灼见，感受到他对新中国的建设发展无比欢欣的喜悦之情，更可以深切体会到陈嘉庚先生爱国爱乡、追求光明与正义、崇尚文明与进步、致力于教育兴学、关注社会民生、启迪民智的伟大民族精神和赤子情怀。鳌园创造了神奇的博物大观，总计达666幅的图案，留下了耐人寻味的精彩历史画卷。

鳌园具有极高的历史人文艺术价值。这座百科全书式的露天博物馆，是对传统文化的继承和发展，也是先生致力于发展社会教育的生动写照。它是国之瑰宝，也是全人类的文化遗产。

鳌园无与伦比！

◎ 鳌园全景

◎ 鳌园外观

◎ 鳌园内的集美解放纪念碑

◎ 陈嘉庚先生撰写并手书的集美解放纪念碑碑文

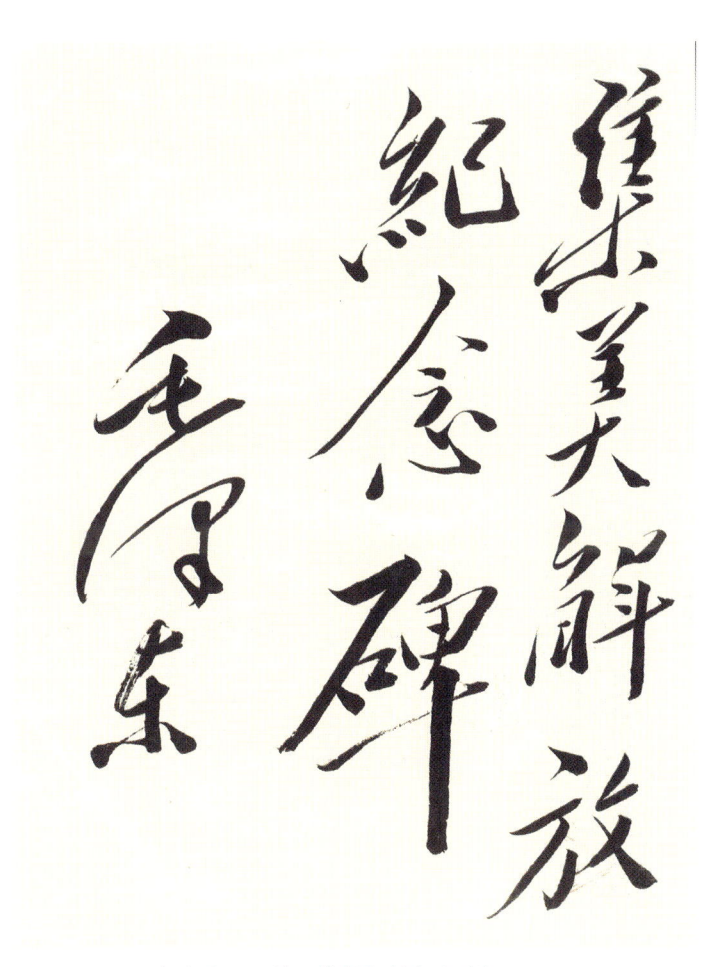

◎ 毛泽东主席题写的"集美解放纪念碑"

博物大观
陈嘉庚教育理念与华侨博物院

鳌园屏壁石雕上刻"鳌园"和"博物观",左右镌刻先生亲自撰写的"真大观勿嫌小岛,有旧植乃展新型",这是陈嘉庚先生建园理念的核心,既可教育民众、启迪民智,又传播新文化、促进社会文明发展。

◎ 鳌园

◎ 博物观

◎ 鳌园屏壁石雕

◎ 鳌园石刻,详细介绍鳌园的内容规划

◎ 石屏风前的陈嘉庚先生墓

◎ 石屏风"博物观"背面

◎ 鳌园游廊镶嵌58幅青斗石雕刻的中国历史故事,栩栩如生,引人入胜

◎ 游廊厢壁上镶嵌的部分中国历史石刻

◎ 鳌园围栏布满石刻

> 博物馆是文化教育机构的一种，与图书馆、学校等同样重要，而施教的范围更为广阔。
>
> ——陈嘉庚

[第二篇]

创建文化殿堂华侨博物院

◎ 华侨博物院开幕典礼留影

　　陈嘉庚先生亲自创办的华侨博物院，是中国博物馆发展史上第一座由华侨集资创办的博物馆。她孕育于陈嘉庚先生社会教育理念形成过程之中，诞生于新中国博物馆事业初兴、华侨热切盼望为祖国社会主义建设尽一份责任之时。

　　从在家乡办集美学校和厦门大学、在海外兴学，到建图书馆及"露天博物馆"鳌园，再到晚年创办最后一项教育事业——华侨博物院，陈嘉庚先生的教育理念最终完美实现。这在中国教育史上是独一无二的，永远值得后人铭记和学习。

第三章 | 壮心不已　倡办华博

陈嘉庚先生办教育以兴学为主，同时注重向学校之外的广大民众传播科学文化知识。他在接触到现代博物馆之后，逐渐形成"博物馆关系社会教育颇巨"的认识。他放眼世界，发现海外各地多设博物馆，而1949年以前国内只有少数小型博物馆。1949—1950年间，他到全国各地考察，对于1949年以后人民政府开展社会主义文化建设，发展博物馆事业，颇感欣慰，深受鼓舞。经过反复调研，他决心在厦门创办一家集社会教育、科学研究、中外交流等功能于一体的大规模博物馆。虽到暮年仍壮心不已，陈嘉庚先生描绘兴办文化教育事业的新画卷。

一、初识"博物院"

据现有资料，1920年代陈嘉庚先生在新加坡已接触到"博物院"，即现代博物馆，从而对这一新兴的社会教育机构有了初步的认识。

◎ 新加坡国家博物馆

近代，随着西学东渐，西方博物馆观念开始向东方传播。在陈嘉庚先生长期侨居的新加坡，1887年英国人建立了该地最早的现代博物馆，即如今的新加坡国家博物馆。

鸦片战争之后，西方博物馆的观念与形态也随着中西文化交流传入中国。近代改良派思想家王韬将 museum 译为"博物院"，其后"博物院（馆）"这一称谓流传开来，逐渐被国人接受。陈嘉庚先生立志兴办教育之时，正值西方现代博物馆观念东传，以启迪民智为要旨的公共博物馆进入其视野。1922年12月23日，他自新加坡致函集美学校校长，谈到"新制"及向"此间博物院"购买动物标本交付集美学校博物室和厦门大学的相关事宜。集美学校设有科学馆，下设博物标本室；厦门大学设有动物标本馆和文化陈列所。

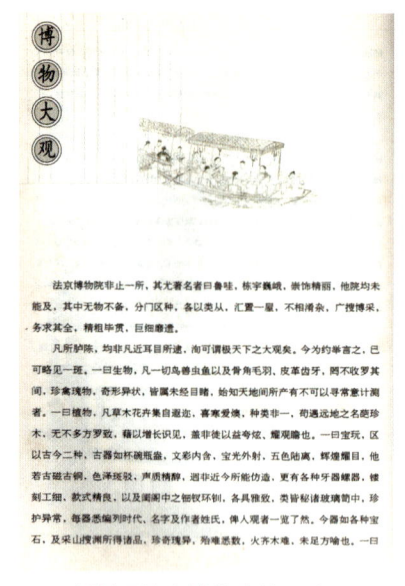

◎ 王韬关于法京博物院的记述　　◎ 陈嘉庚先生致集美学校校长函

◎ 集美学校科学馆及其博物标本室

◎ 厦门大学动物标本馆

二、倡办华侨博物院

中华人民共和国成立后,陈嘉庚先生不断思考自己以及侨胞们能为新中国做些什么。他不辞辛劳数次前往祖国各地,考察各行各业发展建设情况,其间到多家博物馆参观调研。经过实地调研,结合以往对海内外博物馆的认识,嘉庚先生深感博物馆对于开展社会教育、提高全民素质至关重要,祖国博物馆事业亟待发展。为此,他倡议由华侨来创办一所大型博物馆并将其命名为"华侨博物院"。

1949年,陈嘉庚先生应邀回国参加中国人民政治协商会议筹备会议并准备到全国各地参观考察。他先后到14个省、40个城市亲眼见证祖国建设新貌,深感欣慰,对祖国前途充满信心。

政协筹备会议结束后,陈嘉庚先生立即启程,北上东北考察,"历东北十余名城,参观重轻工业厂及文化机关六十余处"。1949年7月10日,他到访哈尔滨,参观东北烈士纪念馆后,深受感动并欣然题词。

◎ 1949年5月5日陈嘉庚先生登上迦太基邮轮离开新加坡

考察了东北的几家博物馆,陈嘉庚先生有感而发写下《博物馆陈列商榷》一文,通过对南洋、苏联及国内博物馆陈列的比较,肯定了展示现代有益知识的陈列,提出"博物馆关系社会教育颇巨,数万人口之小城市,即有设立之必要"。

◎《博物馆陈列商榷》

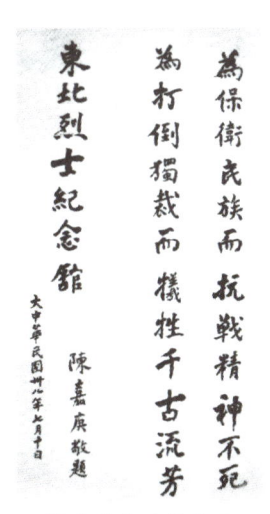

◎ 陈嘉庚先生为东北烈士纪念馆题词

◎ 广智院（1947年）

1949年10月底，陈嘉庚先生来到济南，参观了广智院博物馆，发现该馆内容丰富、形式直观，"里面的陈列品，除了一些古代文物书画和飞禽野兽之类，还有有关卫生，交通，住屋，造林，河流，水利等模型，及各种好坏的对照。例如旧的街道，路面既窄又泥泞秽污，把街道变成泥沟，行人赤足，一手拿鞋，一手拉裤，身上还染着很多泥污；现代化的马路，宽阔整洁，分行人路和车行路，两边植树。又如住屋，吃物，寝具，什么是不合卫生的，什么样才是合卫生的，都用雕刻陈列出来，作一个对照，使去参观的人，一看到就会看出好和坏的比较。"他认为广智院"是一个博物馆，同时亦是一个很有社会教育意义的好地方"，"希望各地能多设立和济南广智院一样的陈列馆"。

1950年陈嘉庚先生回国定居，在出席政协全国委员会第一届第二次会议后，到张家口、归绥（今呼和浩特）、包头、石家庄、大同、青岛、济南等地，调研经济、文化建设情况。

◎ 陈嘉庚先生（左四）、庄明理（左三）考察合影（1950年7月23日）

《新中国观感集》记录了1949—1950年陈嘉庚先生应邀出席政协筹备会和开国大典并到各地考察过程中的所见所感。在这次旅程中，他感受到新时代的新气象，认为"国家建设的前途一片光明"。他决定回国定居，参与新中国建设。其间，他参观了不少博物馆，对于中华人民共和国成立后人民政府发展博物馆事业，深有感触，对博物馆建设的重要性和必要性有了进一步的思考。正是在多次考察、反复调研的基础上，嘉庚先生创办华侨博物院的设想和规划得以逐步形成和完善。

1955年，陈嘉庚先生到全国各主要城市考察第一个五年计划执行情况，沿途参观了不少博物馆。

◎《新中国观感集》（陈嘉庚先生著，1950年6月）

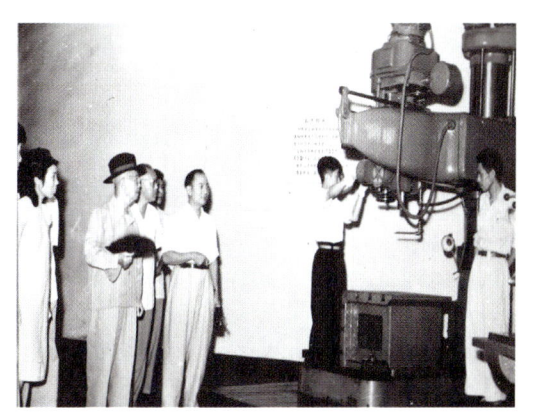

◎ 1955年陈嘉庚先生在沈阳市参观东北工业陈列馆

博物大观
陈嘉庚教育理念与华侨博物院

◎ 陈嘉庚先生参观黑龙江省博物馆

◎ 陈嘉庚先生参观西安碑林博物馆

◎ 陈嘉庚先生在洛阳参观考古队发掘的文物

◎ 陈嘉庚先生重游延安

◎ 厦门大学人类博物馆

陈嘉庚先生访问延安，故地重游，深有感触，写信给全国人大常务委员会，建议对延安要加强管理，开放让人参观，以教育下一代。

1952年厦门大学教授林惠祥将长期搜集的海内外文物1000多件全部捐献给厦门大学。同年，经教育部批准，厦门大学人类博物馆成立，原文化陈列所的文物也并入该馆。

陈嘉庚先生不仅亲往各地博物馆参观比较，而且广泛联系侨界的朋友、相关专家和领导，如庄希泉、庄明理、张楚琨、王源兴、郑振铎、林惠祥、颜乃卿等，逐渐形成了他创建华侨博物院的整套构思，并于1956年撰写《倡办华侨博物院缘起》，阐明设立华侨博物院的目的、建设地点及其名称意义、性质、任务等，为其发展谋篇布局、把舵定向；1956年9月20日，嘉庚先生将《倡办华侨博物院缘起》以通告形式印发海内外，呼吁侨胞捐资捐物助力华侨博物院建设。

◎ 陈嘉庚先生与林惠祥教授

1956年，陈嘉庚先生与厦门大学人类博物馆馆长林惠祥教授就倡办华侨博物院进行了深入的探讨，拟将人类博物馆并入华侨博物院。

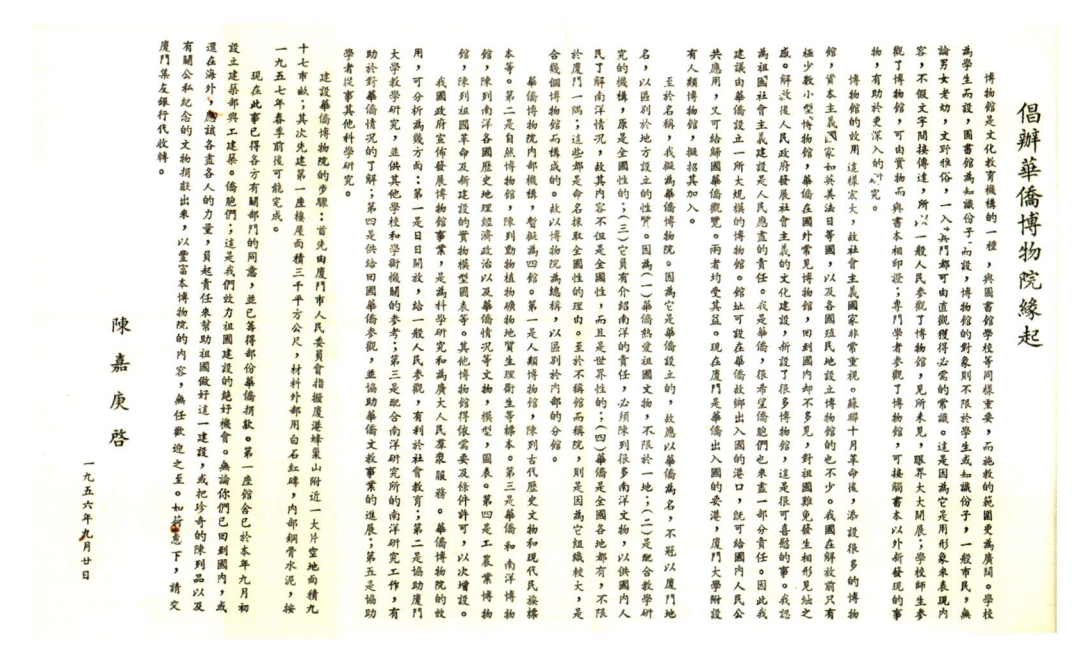

◎《倡办华侨博物院缘起》全文

第四章 | 以侨之名　凝心聚力

陈嘉庚先生在《倡办华侨博物院缘起》中呼吁:"我认为祖国社会主义建设是人民应尽的责任。我是华侨,很希望侨胞们也来尽一部分责任。因此我建议由华侨设立一所大规模的博物馆。"他将"侨"的元素贯穿于华侨博物院的选址、命名、作用、性质及内容等方方面面。之所以院址选在厦门,是因为厦门乃华侨出入国的要港且"可给归国华侨观览"。名称定为华侨博物院因为"它是华侨设立的,故应以华侨为名"。名称前不冠以厦门地名,是为了"区别于地方设立的性质";而"命名采取全国性的理由"有四,其中三个与华侨相关:华侨热爱祖国文物,不限于一地;华侨博物院负有介绍南洋的责任,内容不但是全国性的,而且是世界性的;华侨是全国各地都有,不限于厦门一隅。他的倡议和设想得到了海内外许多侨界人士的热烈响应,纷纷捐款捐物,共襄盛举。嘉庚先生一力当先,众侨胞鼎力相助,从而造就了中国博物馆史上第一座由华侨集资创办的博物馆。

一、慷慨解囊

华侨博物院筹办之际,陈嘉庚先生带头捐款10万元,包括陈嘉庚先生的2位公子、1位千金在内的30位海内外侨胞及1家侨资公司响应号召,慷慨解囊,共捐370500元,作为建院经费。

1956年10月,在全国侨联成立大会上,陈嘉庚先生号召与会归侨捐资共同创办华侨博物院。

为倡办华侨博物院,陈嘉庚先生率先垂范,带头认捐10万元,分几次交付华侨博物院。

◎ 1956年10月,陈嘉庚先生在全国侨联成立大会上发言

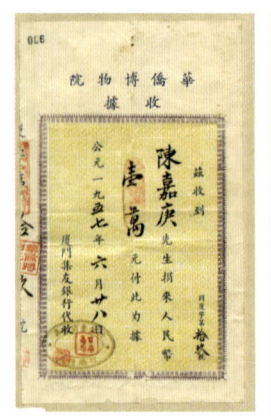

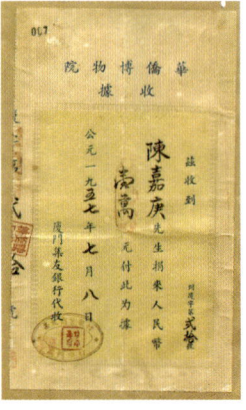

◎ 1957年6月、7月陈嘉庚先生捐款给华侨博物院的收据

陈嘉庚先生的长子陈济民、次子陈厥祥响应号召，捐款支持华侨博物院。

陈嘉庚先生的长女陈爱礼女士在华侨博物院筹办时慷慨解囊，热心捐款支持创办工作。1965年，李光前、陈爱礼伉俪访问北京时，受到周恩来总理亲切接见。

◎ 陈嘉庚先生与陈厥祥（左）　　◎ 李光前（后排左三）、陈爱礼（前排右二）全家合影

1956年，陈嘉庚先生到北京开会，适逢新加坡、马来亚联合邦工商业贸易考察团（简称新马考察团）访华。他热情接待，向考察团宣传社会主义建设成就，介绍华侨博物院筹建情况并邀请他们到建筑工地参观。考察团的部分成员捐款予以支持。

◎ 新加坡、马来亚联合邦工商业贸易考察团部分成员参观华侨博物院基建工地

陈嘉庚先生在北京参加全国侨联成立大会时，见到了老朋友、著名侨领王源兴，告知自己正在倡办华侨博物院，并认捐 10 万元以为首倡。王源兴当即表示支持并认捐 5 万元。

◎ 陈嘉庚先生（左二）与王源兴（左一）同游长城

◎ 1954 年陈嘉庚先生（中）与王源兴（左五）及其子女合影

1956 年 10 月 27 日，陈嘉庚先生致函时任华侨博物院建筑部负责人陈永定，谈到向华侨募捐及王源兴帮助募捐、新马考察团部分成员慷慨解囊的情形，并勉励陈永定在华侨博物院"勤慎忠实，诚恳应接……认真为社会服务"。

◎ 陈嘉庚先生致陈永定函（1956 年 10 月 27 日）

在陈嘉庚先生的号召下，截至1956年12月，华侨博物院陆续收到不少侨界人士的捐款，并且捐款的侨界人士不断增加，归侨黄钦书、黄洁、许崇德、颜西岳、蔡钟长、蔡钟泗、庄明理、黄长水、汪万新等认捐500元至2万元不等，印度尼西亚华人陈剑敦、张振华以及新加坡华人陈永义、陈永和、陈永进、孙炳炎等认捐5000元至1万元不等。

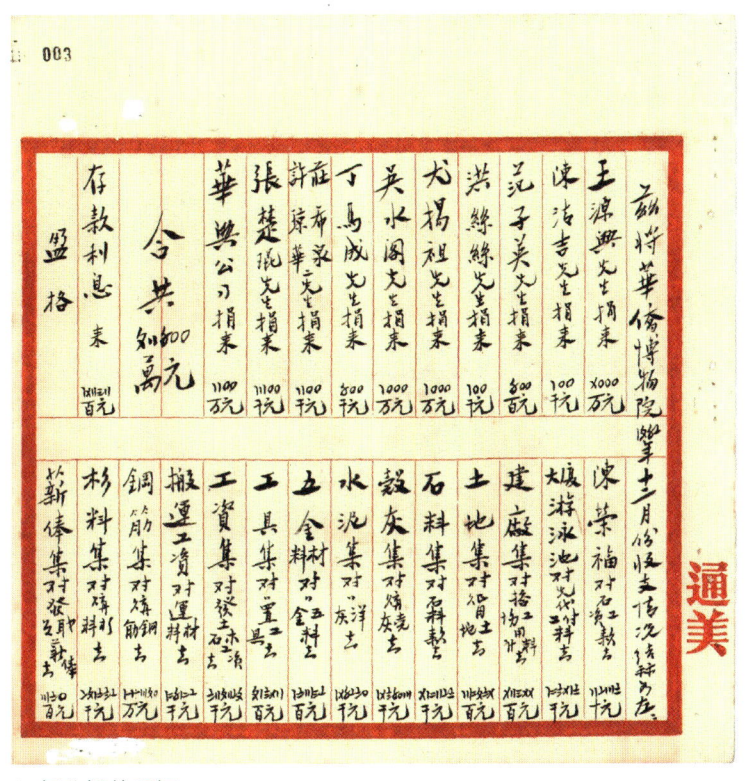

◎ 部分捐款明细

◎ 华侨博物院捐款人王源兴（左一）、黄洁（左三）与中侨委主任何香凝（中）等合影

◎ 华侨博物院捐款人王源兴（左一）、蔡钟长（左二）、蔡钟泗（左三）、尤扬祖（左四）等合影

◎ 1955年端午节，华侨博物院捐款人黄钦书（左一）与陈嘉庚先生（左二）等观看龙舟赛

◎ 华侨博物院捐款人庄明理、庄希泉、黄长水、洪丝丝合影（左起）

◎ 华侨博物院捐款人陈剑敦与张振华（后排左起）

◎ 华侨博物院捐款人王源兴、许崇德、陈剑敦、洪丝丝（前排右起），蔡钟长、蔡钟泗、颜西岳（后排右二起）

◎ 1956年华侨博物院捐款人孙炳炎（右）与陈嘉庚先生

◎ 华侨博物院捐款人、新加坡归侨汪万新

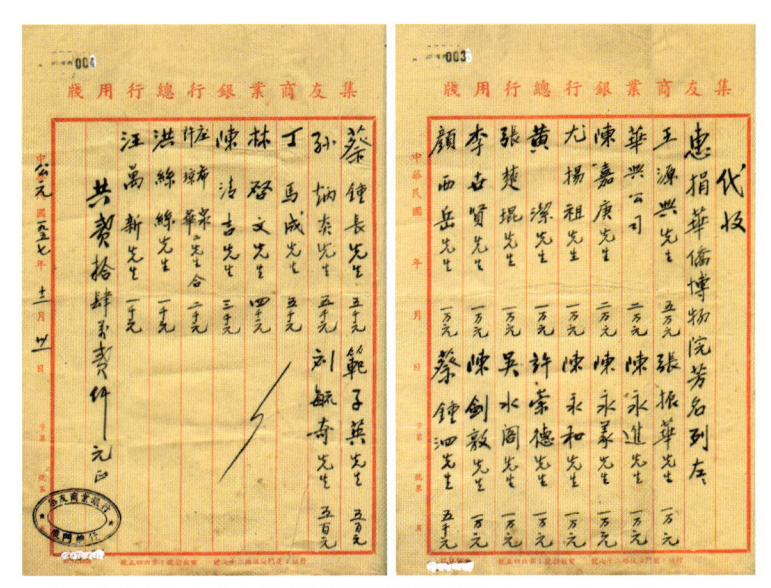

◎ 集友商业银行代收惠捐华侨博物院芳名列表（1957 年 12 月 31 日）

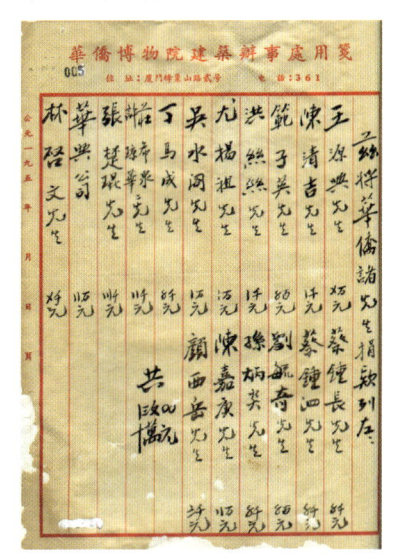

◎ "华侨诸先生捐款"情况统计表

陈嘉庚先生对于侨界人士捐款支持华侨博物院铭感于心。1958 年 6 月 28 日，在上海治病的陈嘉庚先生立下第二份遗嘱，其中交代："我捐献华侨博物院六万元（已付三万元），余款可按月给付，供作经常费（每月不超过一千元）。华侨博物院的捐款人姓名及数目可用青石一块，长约六尺，阔二尺，刊刻纪念。"

1959 年 2 月 22 日，"创办华侨博物院捐款人芳名碑"落成，上面镌刻着陈嘉庚先生及其子女在内的 30 位侨界人士与 1 家海外侨资公司的名称及其捐款数目，共计捐款 370500 元。

◎ 1958年6月28日，陈嘉庚先生立下的第二份遗嘱　　◎ 创办华侨博物院捐款人芳名碑

二、踊跃捐物

陈嘉庚先生不仅向侨胞募集资金，还请海外亲友和集美学校、厦门大学校友以及东南亚各地侨团等帮助征集东南亚各地文物实物、动物标本等，不但可以充实华侨博物院藏品的种类和数量，凸显华侨博物院的"世界性"，而且可以使中国人民更多地了解东南亚各国国情、侨情，从而在促进文化互鉴、密切彼此关系等方面发挥积极作用。

◎ 1957年6月6日，陈嘉庚先生致函椰城（即雅加达）中华侨团总会，委托他们向印尼各博物馆以及当地华侨征集文物实物

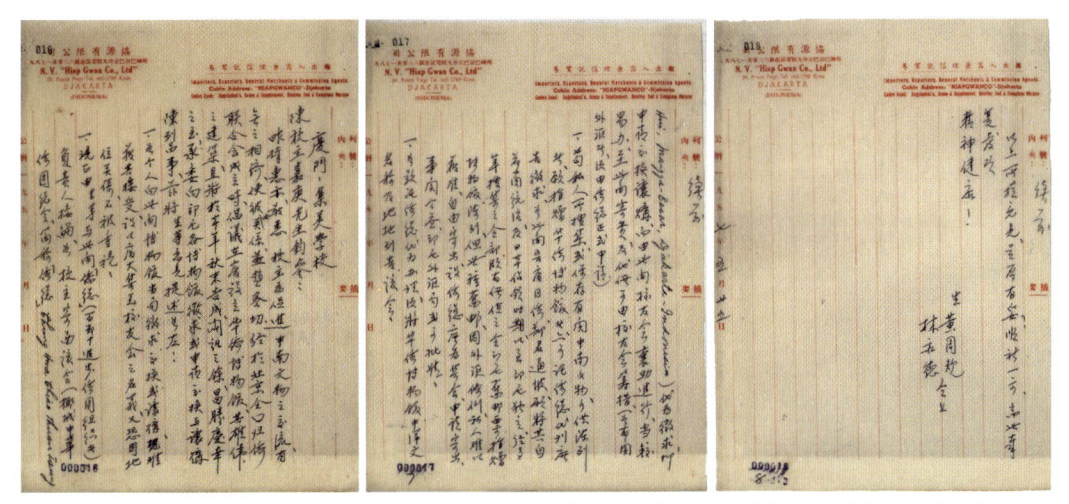

◎ 1957年，印尼黄周规、林永德就"承委向印尼各博物馆征求或申请交换与让购陈列品事"复函陈嘉庚先生

陈嘉庚先生致函旅缅集美校友陈福顺，请旅缅集美校友、缅甸华商总商会及缅甸华侨图书馆帮忙搜集"博物品"，以充实华侨博物院的陈列。

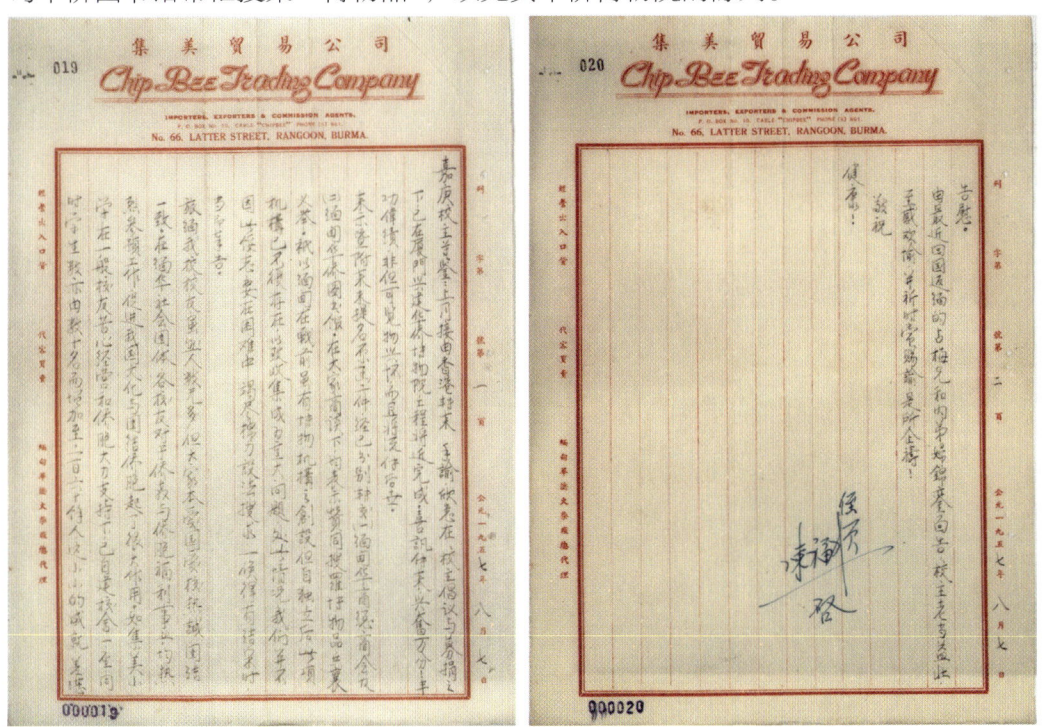

◎ 1957年8月7日，陈福顺就搜集"博物品"事复函嘉庚校主

博物大观
陈嘉庚教育理念与华侨博物院

◎ 三保大人刀（明代，印尼蔡焕三捐赠）

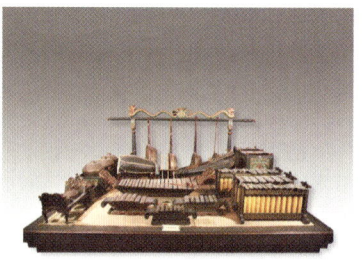

◎ 印度尼西亚甘美兰乐器（近代，印尼吴纪文捐赠）

◎ 印尼木雕船型剑 [20世纪50年代，陈厥祥（陈嘉庚先生次子）捐赠]

◎ 马来亚鳄鱼标本

◎ 新加坡虎标本

◎ 亚非会议纪念方巾（1957年，印尼甘水凤捐赠）

◎ 椰雕猴首（现代，陈嘉庚先生五公子陈国庆捐赠）

◎ 马来西亚鎏金花形耳环（20世纪50年代，新加坡陈国庆捐赠）

◎ 马来西亚鎏金錾刻花卉纽纹手镯（20世纪50年代，新加坡陈国庆捐赠）

◎ 土生华人绿地珠绣女式拖鞋（20世纪50年代，新加坡陈国庆捐赠）

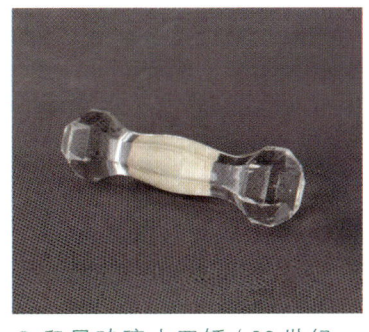

◎ 印尼玻璃小双锤（20世纪50年代，印尼泗水叶敬仁捐赠）

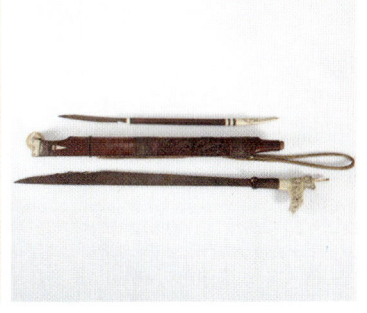

◎ 印度尼西亚苏门答腊古刀（近代，印尼吴焕之捐赠）

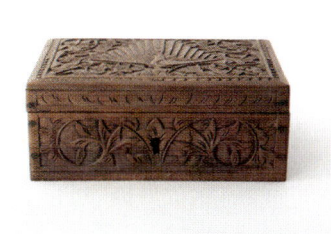

◎ 印尼中爪哇查帕塔木雕首饰盒（20世纪50年代，印尼东爪哇厦大集美校友会捐赠）

◎ 印尼中爪哇查帕塔木雕烟盒（20世纪50年代，印尼东爪哇厦大集美校友会捐赠）

◎ 印尼银制烟具（20世纪50年代，印尼椰城中华侨团总会捐赠）

◎ 印尼皮影人物（20世纪50年代，印尼椰城中华侨团总会捐赠）

◎ 印尼彩绘白瓷烟具（20世纪50年代，印尼椰城中华侨团总会捐赠）

◎ 印尼女式沙笼布（20世纪50年代，印尼椰城中华侨团总会捐赠）

◎ 印尼男式沙笼布（20世纪50年代，印尼椰城中华侨团总会捐赠）

◎ 柬埔寨角雕船（20世纪50年代，王源兴捐赠）

◎ 柬埔寨牛皮剪纸兔（20世纪50年代，柬埔寨陈达光捐赠）

◎ 柬埔寨牛皮剪纸狗（20世纪50年代，柬埔寨陈达光捐赠）

◎ 缅甸木雕大象（20世纪50年代，缅甸集美校友会捐赠）

◎ 泰国佛龛（20世纪50年代，泰国蚁美厚捐赠）

◎ 徐悲鸿观音像图轴（1939年，郭季芳捐赠）

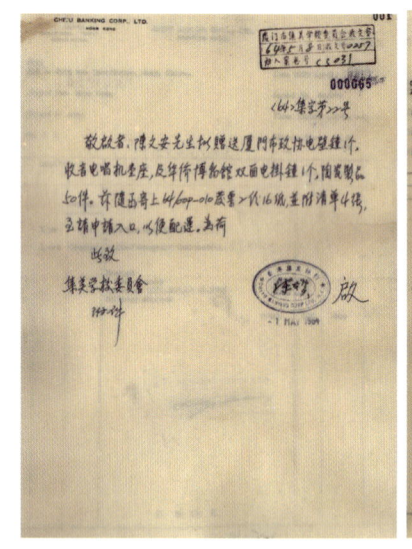

◎ 陈文安赠送华侨博物院双面电挂钟及陶瓷制品的函件及申请入口证的相关单据

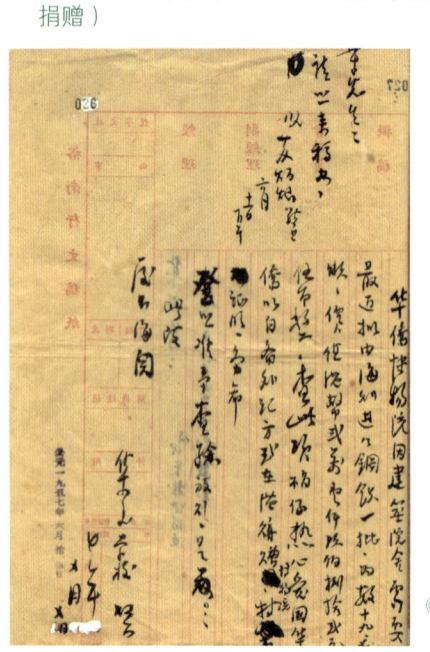

华侨博物院建筑院舍需要从海外进口一批钢材，有热心爱国华侨以自备外汇在香港购买并赠予华侨博物院。

◎ 集美学校就华侨捐资购买钢材赠予华侨博物院事致厦门海关的证明材料

第五章 | 擘画营建　亲力亲为

陈嘉庚先生设想中的华侨博物院，规模宏大，下设多个分馆。在他的初步规划中，拟建五座楼，设四个馆，即人类博物馆、自然博物馆、华侨和南洋博物馆以及工农业博物馆。分别陈列古代历史文物和现代民族文物、动物植物矿物地质生理卫生等文物标本、南洋各国历史地理经济政治及华侨情况等文物、祖国革命及新建设等实物。

陈嘉庚先生亲自主持筹备工作，选定院址、配置人员，很快第一座大楼就开工了。他做事勤谨踏实、细致周全，凭着认真为社会服务的信念和精神，对馆舍建筑、文物征集、陈列布展等各项工作事必躬亲，倾注了大量的心血。

一、选定院址

华侨博物院院址由陈嘉庚先生亲自择定，位于厦门市厦门港蜂巢山西侧"番仔墓"一带。当时这里还很荒凉，而他以其远见卓识看出"这地方很好，宽阔又安静，地处市区与南普陀、厦门大学之间，交通方便"。

◎ 1910年代，由蜂巢山俯瞰厦门港，下方地块为今华侨博物院所在地

据时任厦门大学建筑部主任陈永定回忆，1950年代初陈嘉庚先生主持厦门大学校舍扩建工程，在往返于厦大和市区的途中，目光常常停驻于厦门港蜂巢山西侧"番仔墓"一带。

◎ 20世纪20年代至30年代末，厦门港、蜂巢山一带全景

陈嘉庚先生选定院址后，当时的厦门市人民委员会迅即批准陈嘉庚先生择定的院址，在蜂巢山西侧无偿划拨一块地，面积97亩，作为华侨博物院建设用地，并于1956年8月发布征地公告。据时任厦门市主管文教的副市长张楚琨介绍，从他听陈老谈这一设想到市政府讨论和批准征地，仅用一周的时间，效率之高，反映了厦门市领导对陈嘉庚先生建华侨博物院的全力支持。

1957年10月16日，陈永定致函陈嘉庚先生，汇报征用土地、建筑费用等事项，其中提到"地价是无偿的，现由办事处编号配合房地产管理处办理"。

◎ 1956年，陈嘉庚（左一）、厦门副市长张楚琨（中）与厦门大学党委书记陆维特（右一）研究工作

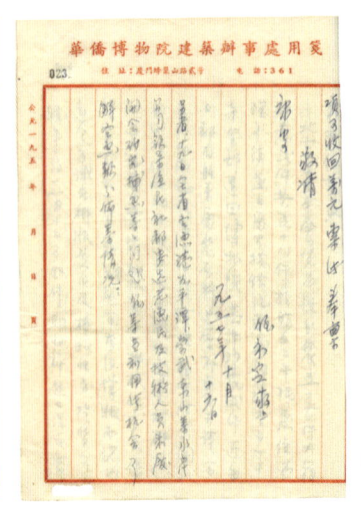

◎ 陈永定致陈嘉庚先生函（1957年10月16日）

二、指导建设

院址一确定，华侨博物院馆舍建筑、文物征集、陈列布展等各项建设工作便在陈嘉庚先生的带领下迅速展开。1956年9月初，他成立华侨博物院建筑办事处，同时第一座陈列大楼开工建设。这座大楼是在他亲自指导下建造的，从整体的建筑风格，到门窗、台阶等建筑细部的设计，乃至选材用料，他都会提出具体可行的意见。其间，他每星期都到工地巡视，也常常写信指导工作。

陈嘉庚先生将时任厦门大学建筑部主任的陈永定调来负责基建等事宜，工程力量以原厦大、集美学校建筑队部分人员为基础。

◎ 陈嘉庚先生与侄亲陈永定

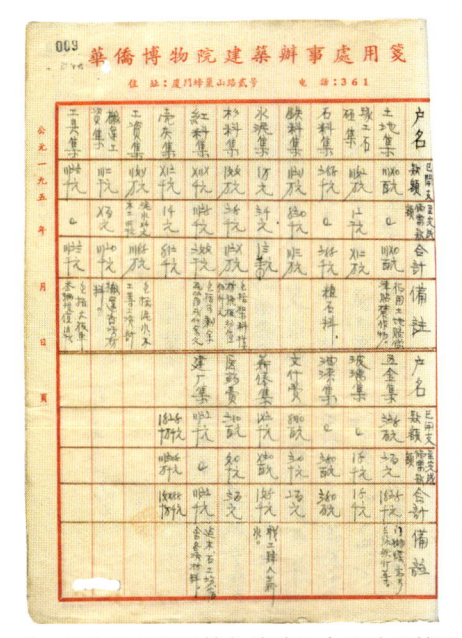

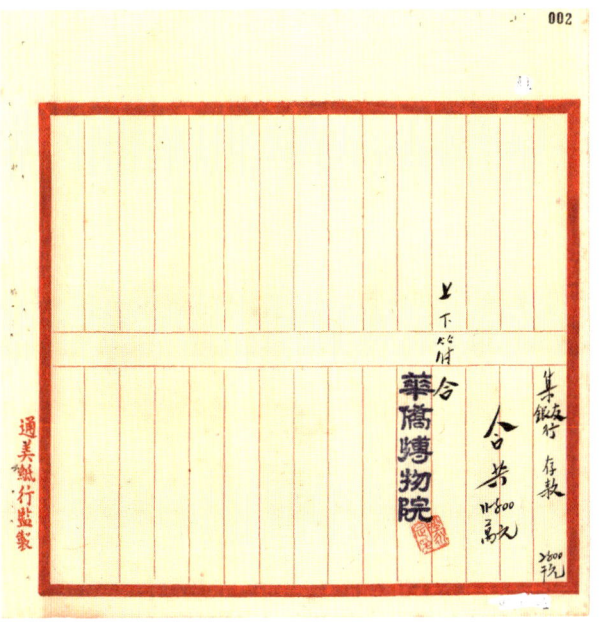

◎ 1950年代华侨博物院建筑办事处用笺及盖有"华侨博物院"印章的文件

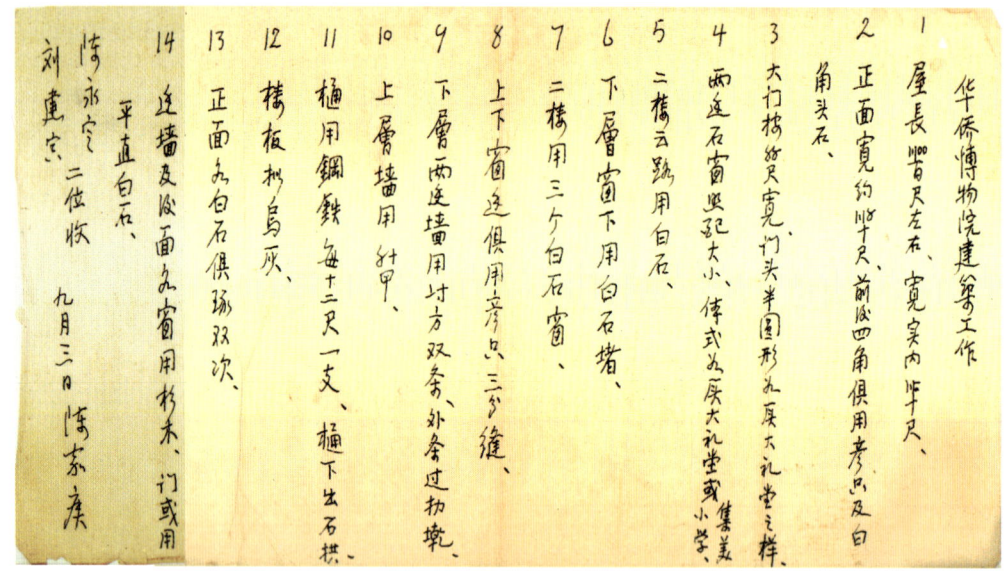

◎ 1956年9月3日，陈嘉庚先生致陈永定、刘建寅指导华侨博物院建筑工作的函件

工程师按照陈嘉庚先生的意图设计华侨博物院陈列大楼并绘制图纸。这座大楼和陈嘉庚先生主持建设的集美学校、厦门大学的校舍一样都呈现出一种融中西以及闽南建筑元素于一体的独特风格，研究者将这些建筑称为"嘉庚建筑"。

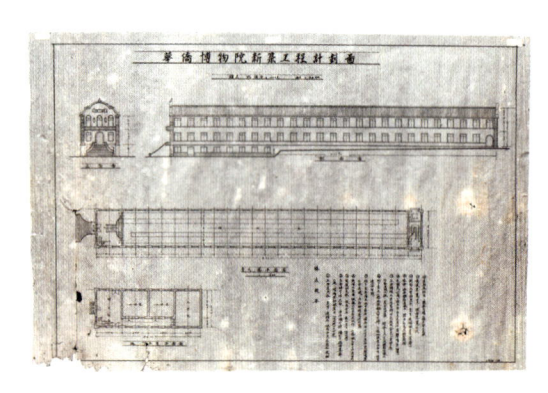

◎ 华侨博物院建筑平面图（1956年）

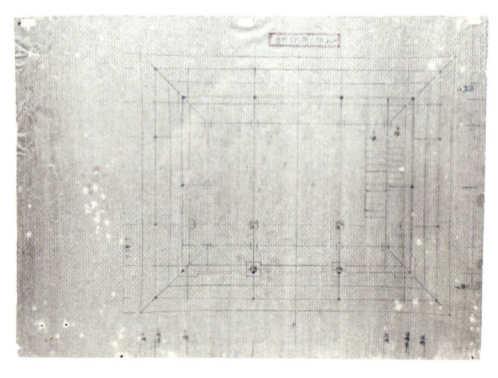

◎ 华侨博物院顶楼图纸（1956年）

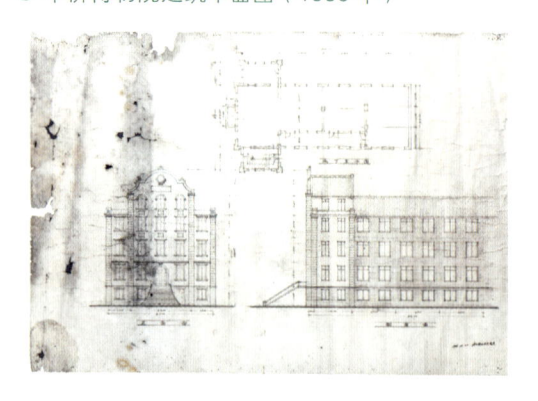

◎ 华侨博物院地下室正面、侧面、投影图纸（1956年）

◎ 华侨博物院主建筑平面图（1956年）

◎ 陈嘉庚先生巡视华侨博物院建筑工地

1957年10月9日，陈嘉庚先生致函陈永定，对主楼台阶建造提出指导意见。他在信中指出：华侨博物院门前台阶体式不甚雅观，不若半月圆式之佳，兹拟将改为半圆式……石阶为本院重要大众参观经过，要雅妙美观为至要……

1957年1月11日，陈永定致函陈嘉庚先生，向陈嘉庚先生汇报华侨博物院需用青石坯数量、规格及补发工资等事宜。

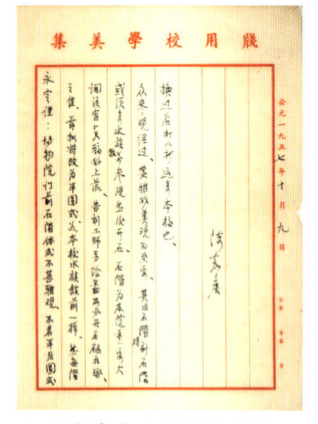

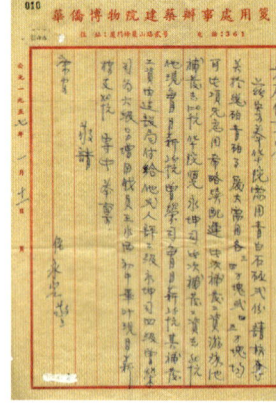

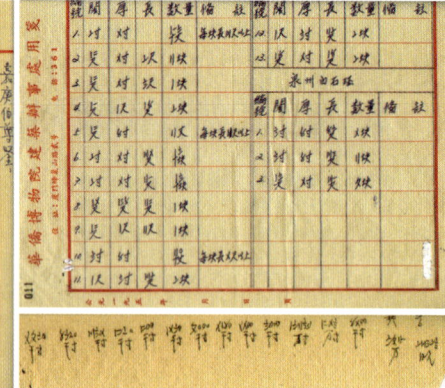

◎ 陈嘉庚先生致陈永定函（1957年10月9日）　　◎ 陈永定致陈嘉庚先生函（1957年1月11日）

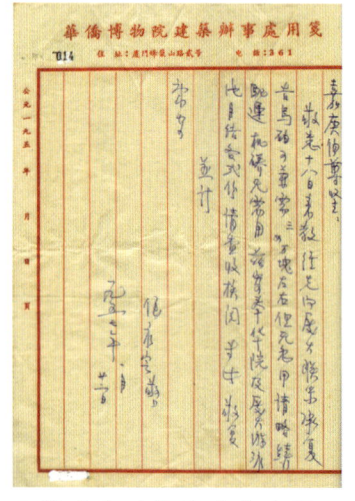

1957年1月17日，陈永定致函陈嘉庚先生，向陈嘉庚先生汇报拜访厦大陆维特书记及该校建筑负责人等事宜。

1957年1月22日，陈永定致函陈嘉庚先生，告知"寄奉华院及厦大游泳池月结各二份，请查收核阅"。

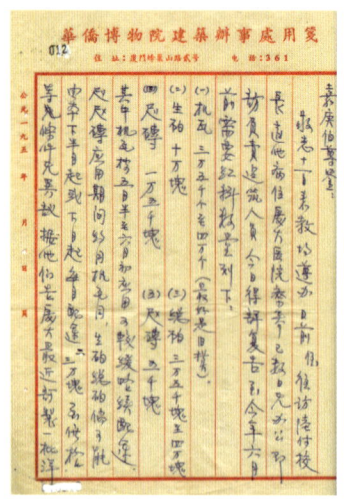

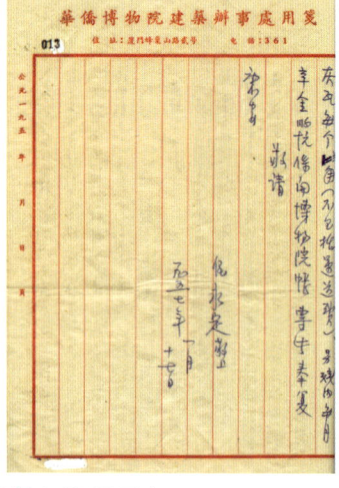

◎ 陈永定致陈嘉庚先生函（1957年1月17日）　　◎ 陈永定致陈嘉庚先生函（1957年1月22日）

1957年1月27日，陈永定致函陈嘉庚先生，向陈嘉庚先生汇报华侨博物院所需石坯估价事宜。

1957年4月22日，陈永定致函陈嘉庚先生，告知"寄奉游泳池、博物院月结各三份请查收核阅"，汇报华侨博物院泥水工、木工、搬运工、琢石工的工资以及所用石坯、壳灰等项开支情况。

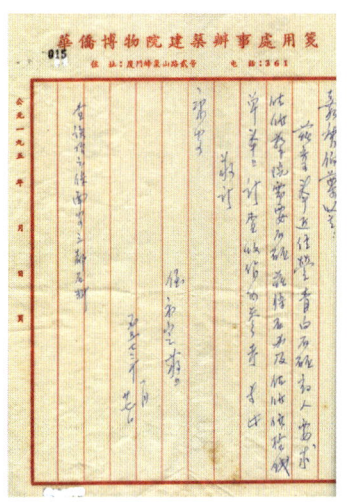

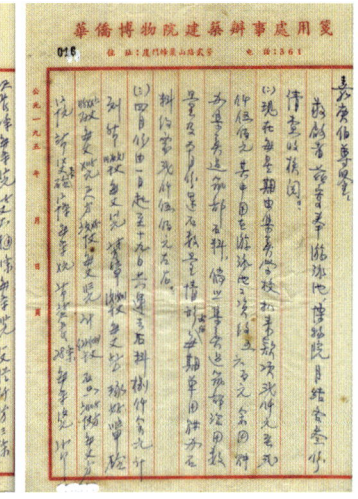

◎ 陈永定致陈嘉庚先生函（1957年1月27日）

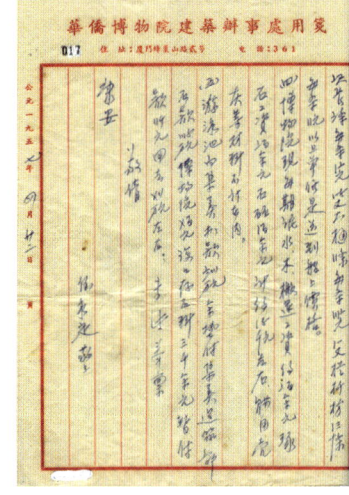

◎ 陈永定致陈嘉庚先生函（1957年4月22日）

1957年5月8日，陈永定致函陈嘉庚先生，向陈嘉庚先生汇报华侨博物院用工、青石运输情况，请示钢钎、钢錾采购事宜。

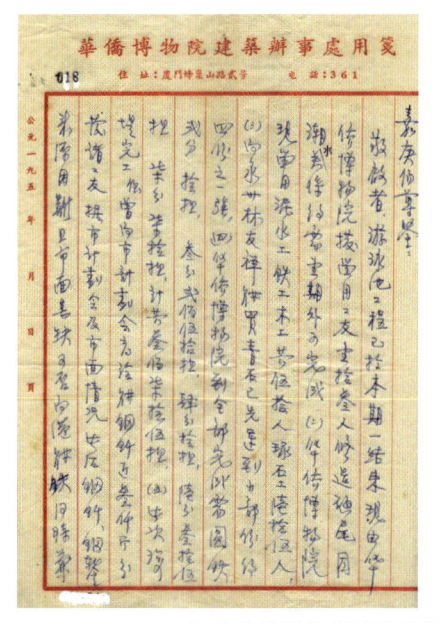

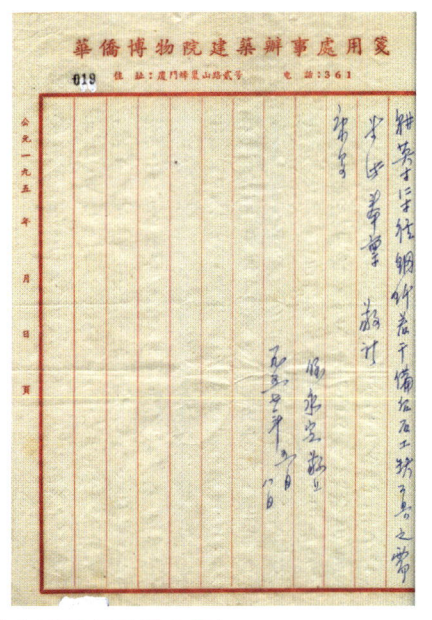

◎ 陈永定致陈嘉庚先生函（1957年5月8日）

1957年6月12日，陈永定致函陈嘉庚先生，向陈嘉庚先生汇报华侨博物院所需青石坯及铁料采购、运输以及建筑面积、工程进展及开支情况等事宜。

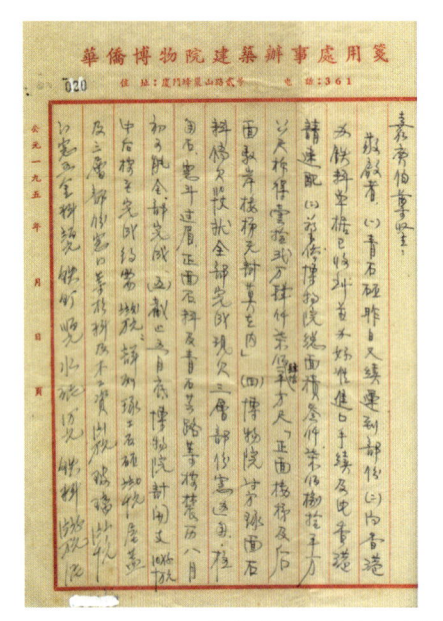

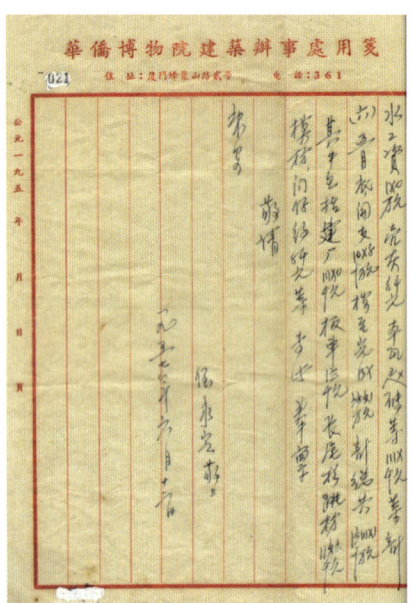

◎ 陈永定致陈嘉庚先生函（1957年6月12日）

1957年1月18日、2月12日、10月31日，林友祥三次致函陈嘉庚先生，商洽华侨博物院石料采购事宜。

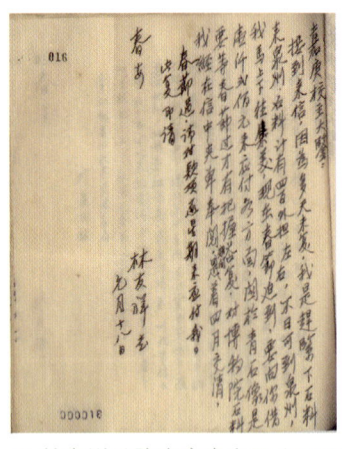

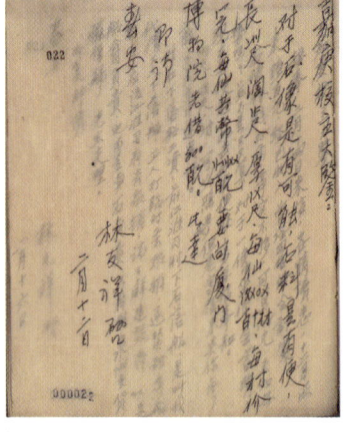

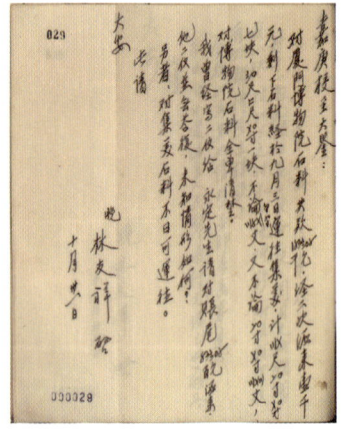

◎ 林友祥致陈嘉庚先生函（1957年1月18日、2月12日、10月31日）

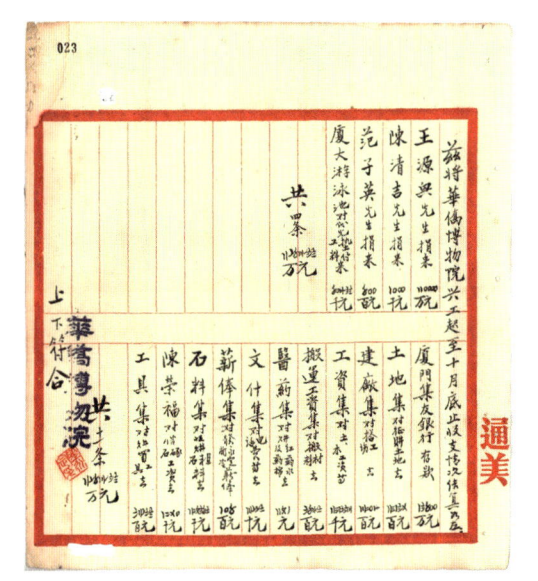

◎ 华侨博物院兴工起至十月底收支情况结算（1956 年）

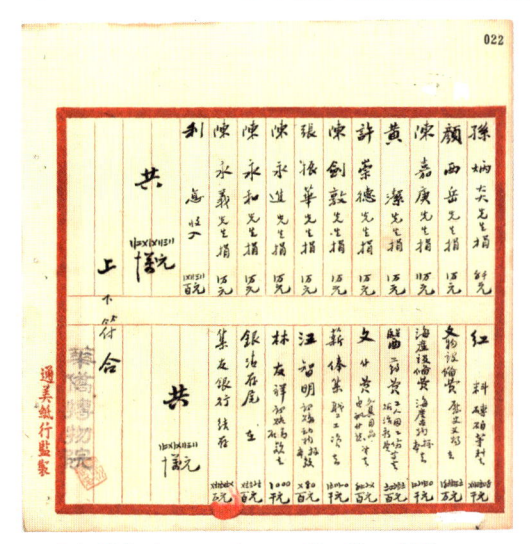

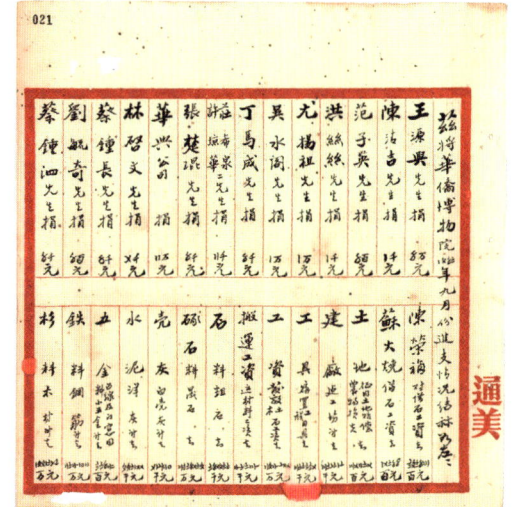

◎ 华侨博物院 1957 年 9 月进支情况结算

　　1958 年 4 月，华侨博物院陈列大楼落成，是陈嘉庚先生规划的五座大楼之一，建筑面积 4000 平方米，主体三层，正面六层，高 23 米，融中西建筑风格为一体，气势恢宏，其样式、风格出自陈嘉庚先生的构思。

◎ 华侨博物院陈列大楼

三、征集文物

为了让民众获得直观的教育，陈嘉庚先生在庄明理、张楚琨的陪同下，多次亲往北京、天津和上海等地购买文物，并致函南洋华侨社团征集文物和动物标本。华侨博物院6000多件文物藏品，除小部分是华侨个人或机构捐赠外，大部分是陈老先生当年从北京等地由政府监定价格的文物店购得，许多动物标本则来自福州的标本店。他选定的古代文物以陶瓷器、字画、青铜器、钱币、雕刻品为主，不但种类具有代表性，而且在数量和品种上，具有相当的年代跨度。此外，还有部分日本的陶瓷、七宝烧、字画以及外国艺术品，另有鸟兽类标本数百件，种类繁多，且不乏珍稀品种。

1957年8月14日，陈嘉庚先生在写给陈永定的信中说道，"今年各省多已重视博物馆，如古代墓内之物，素时贩店以北京、天津、上海三处为市场，今日天津上海均空空如也，独北京尚些有……我鉴于此种情况，今日如不下手，加几月北京亦空了"，"至历代古物识者甚少，我更一无所知，所靠者自解放后，所有各物均为政府监定价值……该物是汉唐或是宋明，从何处出土，均贴明保证，故信心不患被欺诈，选择十余次经月余，尽彼外地搜罗……似乎一扫而空，现尚存多少，系我选遗者"。他在信中还谈道，准备向福州专家订购陆地动物标本，请集美学校科学馆制作海产动物标本等事宜。

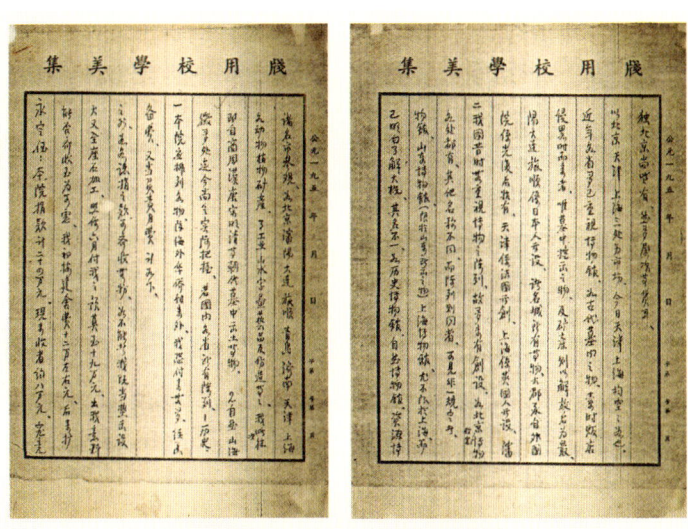

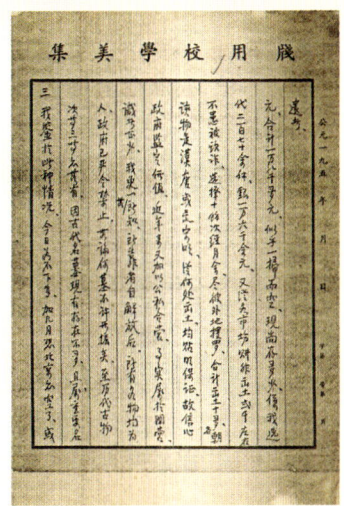

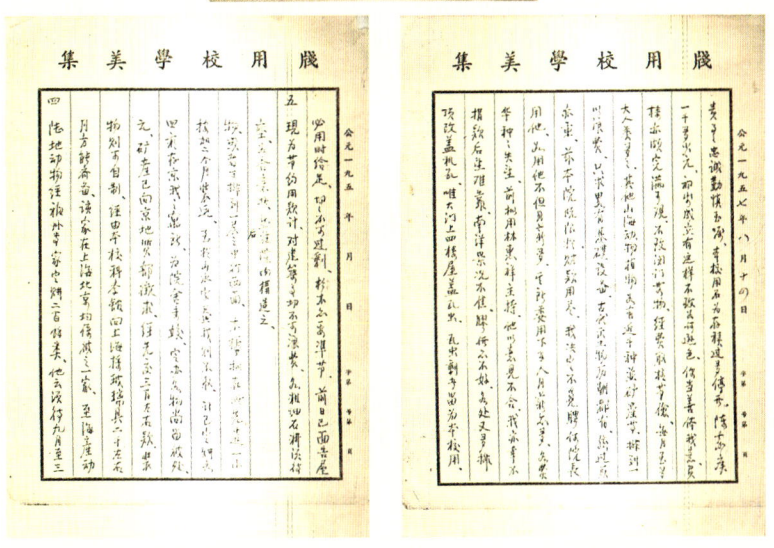

◎ 陈嘉庚先生致陈永定函（1957年8月14日）

陈嘉庚先生征集的文物实物不仅有中国历朝文物、南洋各埠属文物等外国文物，还有海产和鸟兽动物标本等，兼及古今中外，具有收藏、研究、科普等多种价值。

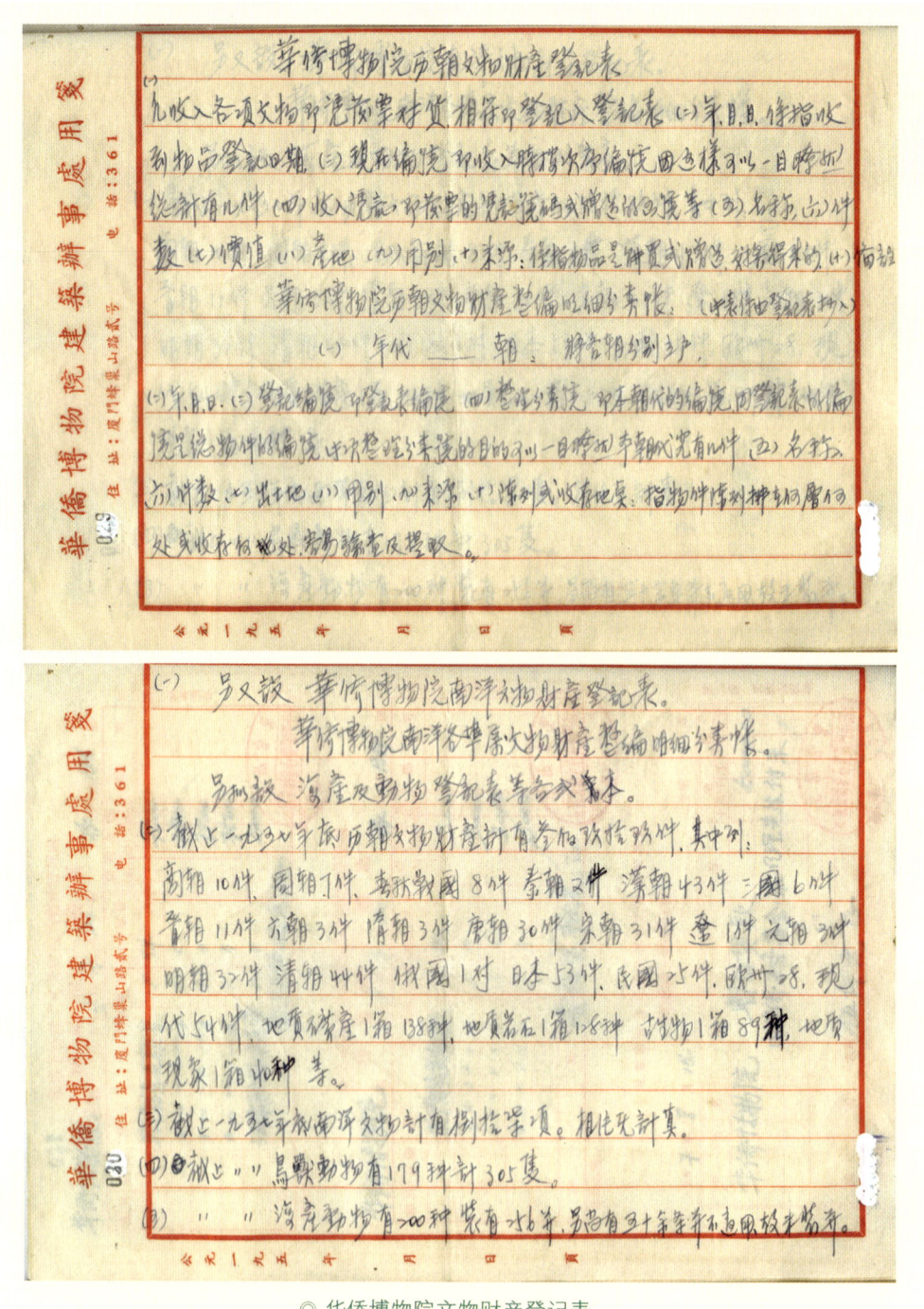

◎ 华侨博物院文物财产登记表

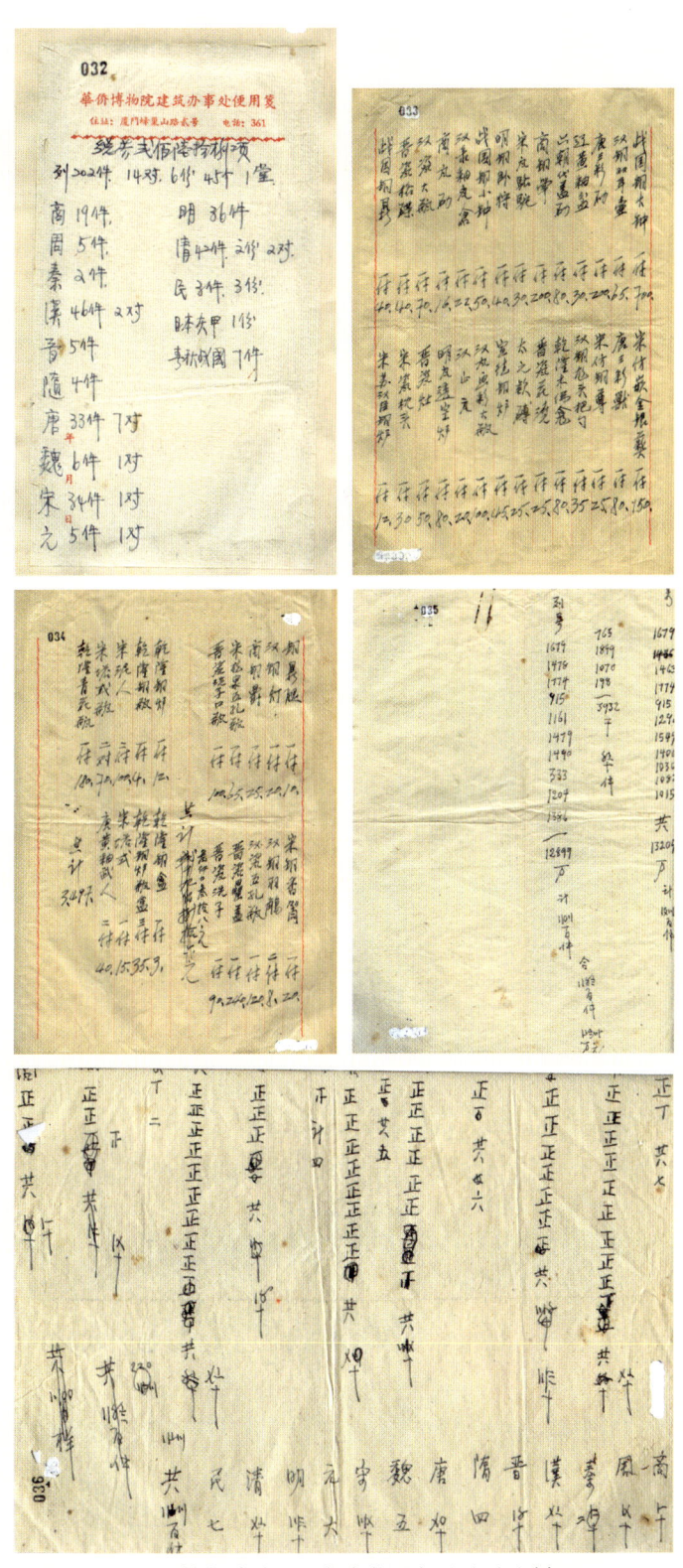

◎ 华侨博物院购买历朝文物的部分统计资料

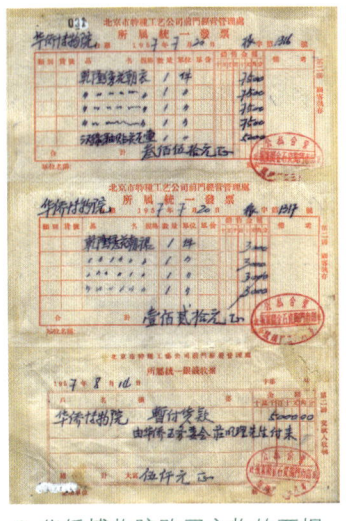

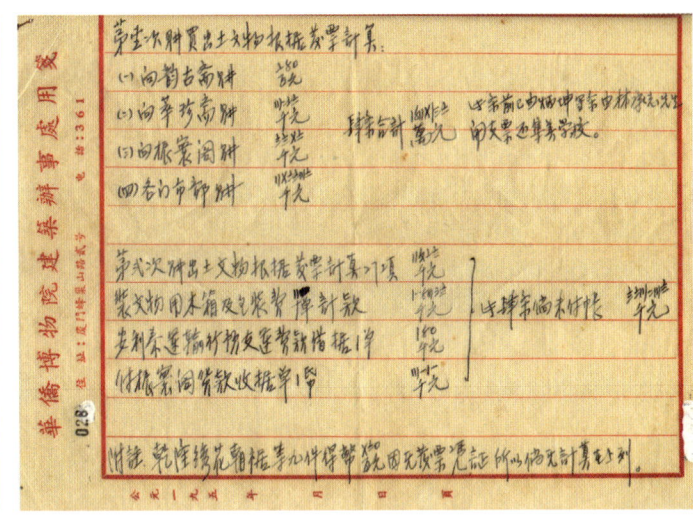

◎ 华侨博物院购买文物的票据（1957年7月20日、8月14日）　　◎ 华侨博物院第一次购买出土文物票据计算表

1958年4月24日，集美水产学校金工实习工厂致函集美学校委员会，商洽集美学校委员会委托该实习工厂代制华侨博物馆（院）所用汽车变速箱模型的相关事宜。

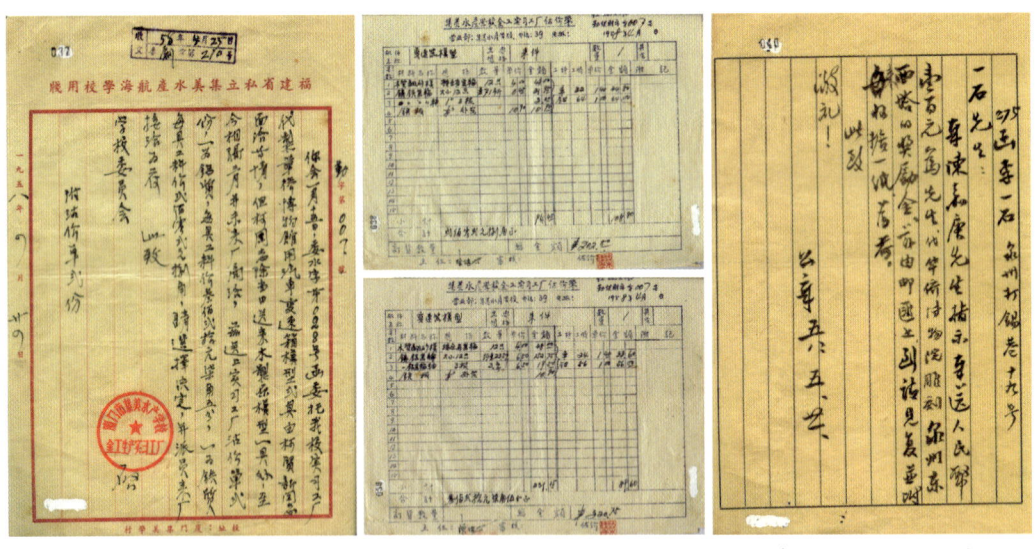

◎ 集美水产学校金工实习工厂致集美学校委员会函（1958年4月24日）　　◎ 致李一石函（1958年5月21日）

1958年5月21日，致李一石函，其中提到奉送代华侨博物院雕刻泉州东西塔石雕奖励金的有关事宜。

四、打造展柜

为了更好地展示征集来的各类文物实物，陈嘉庚先生亲自指导展柜的设计建造。他设计的文物陈列橱柜将三座重檐屋顶和须弥座相结合，以具有中国传统建筑风格的展橱为主体结构，间以两座具有泰缅等国建筑风格的展橱；在长达80米的展厅中，气贯长虹，浓郁的民族风格与浪漫的南洋情调和谐统一，交相辉映。在以南洋华侨占海外华侨多数的当时，无疑为南洋华侨前来观览营造了一种特殊的氛围。那是一种祖国文化与侨居国文化共存的象征，也是"华侨创办"的匠心独运。

1957年10月15日，陈嘉庚先生致函陈永定指导展柜的选材用料。他在信中说："木料大部分用杉，为红料不贵更好……如剩余不合用者，按可作学椅桌亦好……"

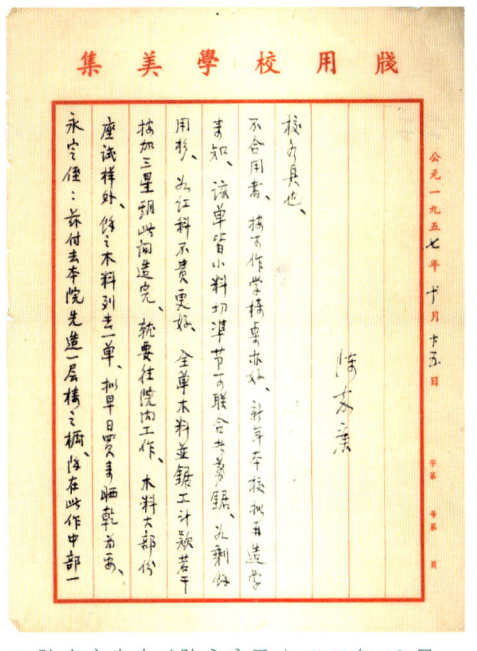

1958年2月4日，陈嘉庚先生致函陈永定，要求根据展品的种类、数量安排各类展柜的位置及数量。他在信中说："我按已办及再办各种物，其立体式约可七百尺位。而现造高式橱三座……只可陈列立体式等物一半而已……立体式等物尚余三百多尺，应陈列在两边窗的壁边……兹按将该处作立式橱高与窗头齐……"

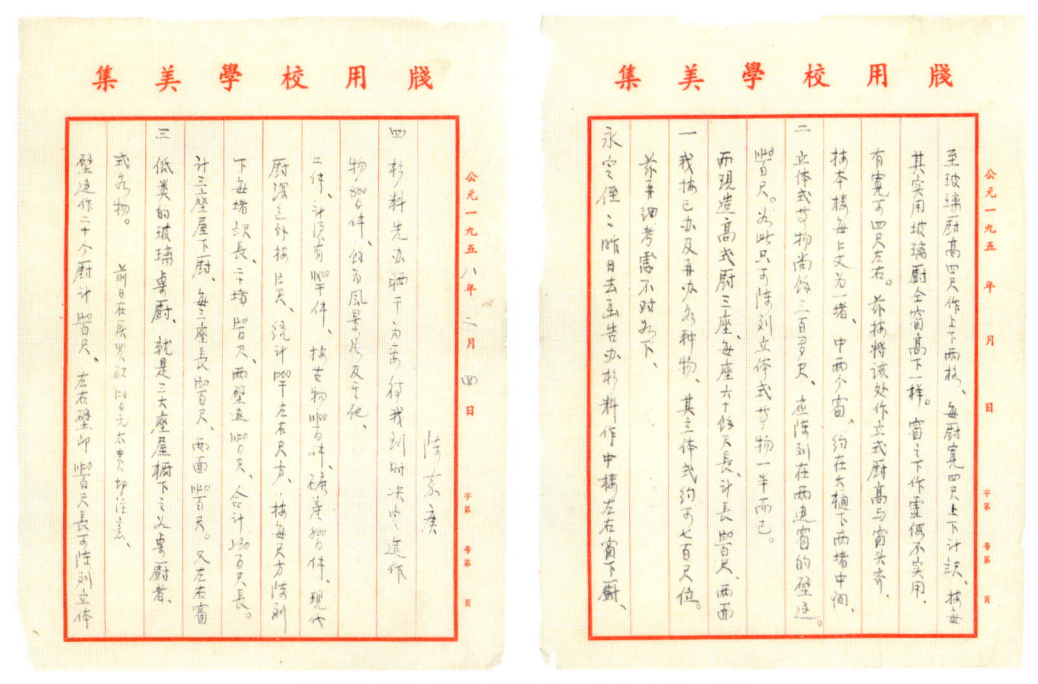

◎ 陈嘉庚先生致陈永定函（1957年10月15日）

◎ 陈嘉庚先生致陈永定函（1958年2月4日）

1958年2月9日，陈嘉庚先生致函陈永定，要求根据展品的种类、数量以及参观路线对各类展柜的位置及数量作进一步的安排。他在信中说："……此窗下橱按减三寸，俾道路较阔，为参观客须分两条路，先看窗边陈列，回看屋橱式陈列……"

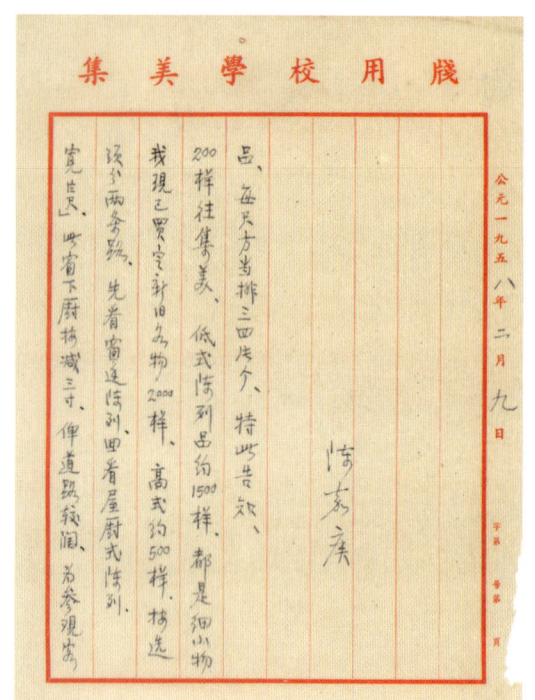

◎ 陈嘉庚先生致陈永定函（1958年2月9日）

◎ 华侨博物院文物陈列橱柜

嘉庚先生曾对陈永定说：祖国历史文物陈列室陈列的文物，是我国历代劳动人民创造的。陈列橱应具有民族艺术风格，和文物相衬，古香古色，更好地展现他们的智慧和创造才能，也使人得到美的享受。

第六章 | 呕心沥血　大功毕成

经过几年的筹划、建设，1959年5月14日，华侨博物院终于开幕。为了这一天，陈嘉庚先生奔波忙碌，极尽辛苦。在倡建华侨博物院的过程中，他不仅要为集美学校、厦门大学的发展殚精竭虑，而且积极参与国事，可谓日理万机。1958年，陈嘉庚先生又患上癌症，一度病危。重重困难之下，他以过人的毅力一步步推进华侨博物院的建设工作。

经过陈嘉庚先生的不懈努力，新生的华侨博物院初具规模，不仅有明确的发展方向、长远的规划，而且机构完善、功能完备、院藏丰富，为其后续发展奠定坚实基础。更重要的是，华侨博物院这一座文化殿堂的诞生，对于发展中国博物馆事业、联络海外侨胞、开展中外文化交流意义非凡，功在千秋。

一、主持开幕

1958年下半年，陈嘉庚先生确诊癌症，病情一度危急。治疗期间，他不能到现场巡视，便写信督促指导，一如既往、毫不懈怠地推进华侨博物院建设。1959年华侨博物院各项工作基本就绪。1959年5月14日，举行简朴而隆重的华侨博物院开幕典礼，陈嘉庚先生抱病主持开幕

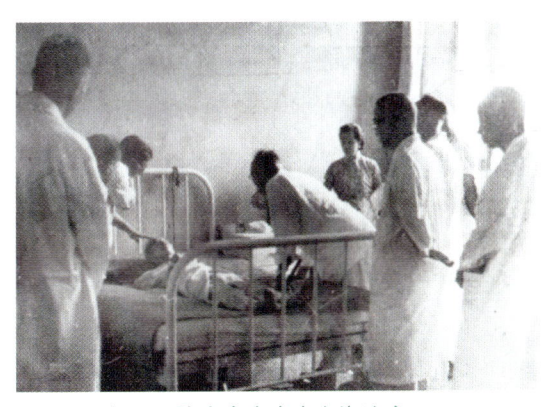

◎ 1958年6月陈嘉庚先生在上海治疗

典礼。厦门市委、市政府、厦门大学领导及各人民团体负责人等数位嘉宾躬逢其盛。据开幕典礼的亲历者回忆，当天这位86岁高龄、重病在身、右眼失明的老人，神采奕奕，剪彩、致辞之后，带领来宾参观展览，不拿拐杖一口气从一楼走到四楼。

◎ 陈嘉庚先生为华侨博物院开幕剪彩

◎ 陈嘉庚先生与参加开幕典礼的来宾合影留念，前排坐者：陈嘉庚先生（左九）、市委书记袁改（左十）、市长李文陵（左十一）、市委副书记肖枫（左七）、厦大党委书记陆维特（左八）、副市长张楚琨（左六）、市侨联主席颜西岳（左五）

陈嘉庚先生在开幕典礼茶话会上致辞，介绍华侨博物院筹办过程、意义及总设想，指出：建立博物院是为了表达华侨热爱祖国的深情厚谊，将之作为华侨与国内人民感情联系的纪念物，同时有助于社会教育与科学研究，有助于中国和华侨侨居国的文化交流。

厦门大学党委书记、副校长陆维特在茶话会上表示，华侨博物院今后对厦门大学文化科学的研究有很大帮助，厦大对华侨博物院的发展也将尽自己的力量。

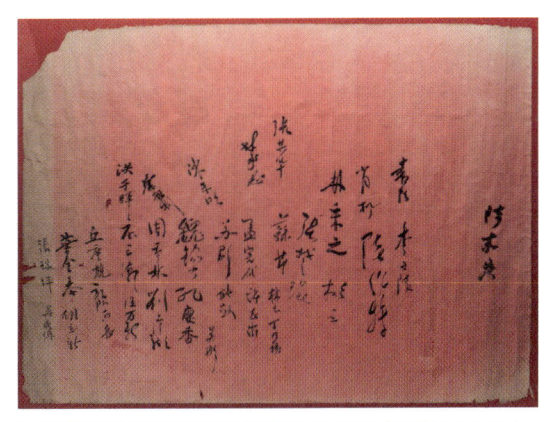

◎ 华侨博物院揭幕嘉宾签到单（1959年5月14日）

◎ 陈嘉庚先生在开幕典礼茶话会上致辞　　◎ 陆维特在茶话会上发言

　　开幕典礼结束后，陈嘉庚先生陪同来宾参观，亲自介绍展览内容。这座白色花岗岩大楼的三层展览大厅，分专题陈列：商、周到明清至现代的文物和艺术品，反映华侨及东南亚各国历史的图片、文物实物，国内外鸟类、兽类和水产标本。陈列面积2400平方米，展品6840件。

◎ 陈嘉庚先生陪同来宾参观，并介绍展览内容

华侨博物院揭幕前后,海内外侨界人士及相关机构欢欣鼓舞,纷纷以各种方式表示祝贺并寄予殷切的希望。

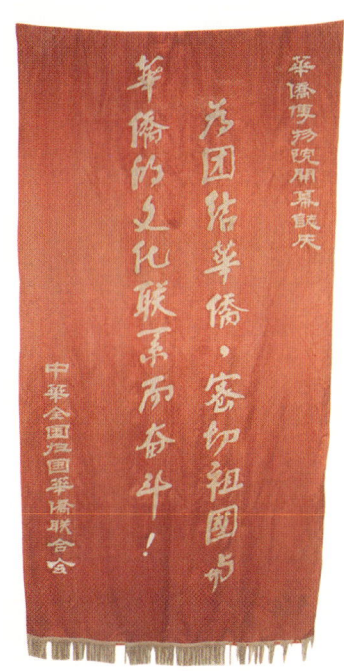

◎ 华侨博物院揭幕前收到中华全国归国华侨联合会、集美学校委员会、香港集友银行等多家机构惠赠的锦旗

1959年5月17日，中侨委副主任庄明理致函陈嘉庚先生，其中提到，对于华侨博物院开幕，"在京诸同侨闻讯莫不同表欢欣"。

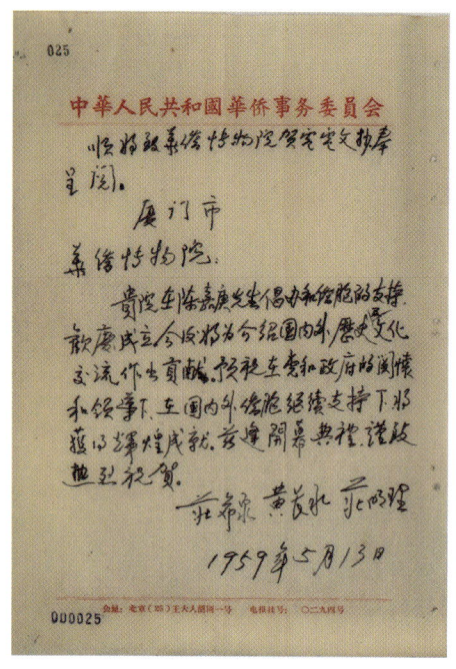

◎ 中华人民共和国华侨事务委员会领导庄希泉、黄长水、庄明理发来贺电（1959年5月13日）

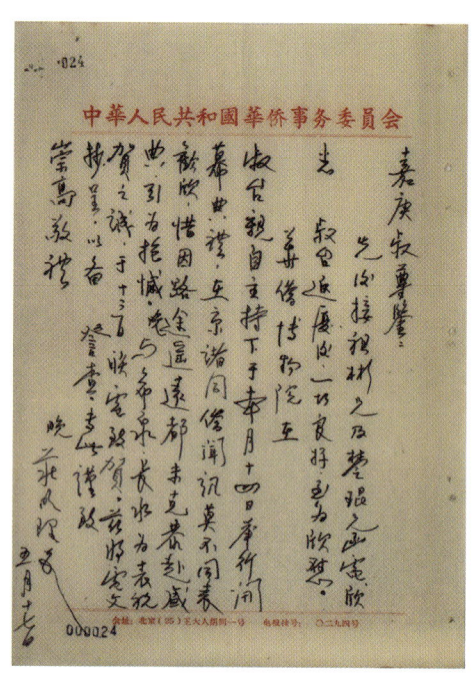

◎ 中侨委副主任庄明理致陈嘉庚先生函（1959年5月17日）

1959年5月25日，中侨委副主任庄明理致函陈嘉庚先生，其中提到，收到陈嘉庚先生的信，看了《厦门日报》，"欣读华侨博物院开幕盛况，昌盛欢快。方方、希泉、长水同志阅报后亦极称赞"。

1959年5月23日，归侨蔡钟泗、陈仁和、蔡钟长致函陈嘉庚先生，表示得悉华侨博物院开幕后，"万分欢欣"。

1960年1月22日，新加坡林崇鹤致函陈嘉庚先生，其中提到，"又见厦门华侨博物馆照片，吾叔风采如昔，同深喜慰"。

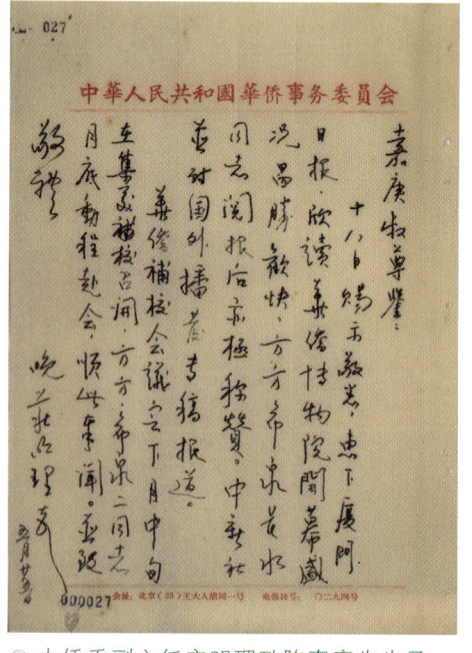

◎ 中侨委副主任庄明理致陈嘉庚先生函（1959年5月25日）

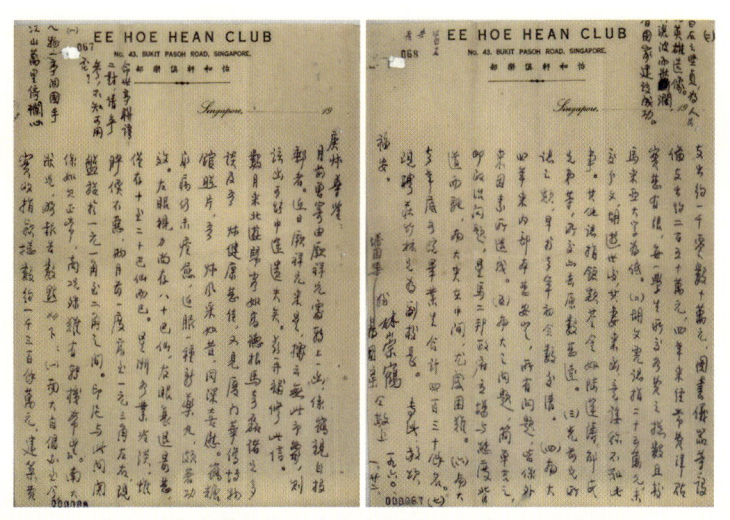

◎ 新加坡林崇鹤致陈嘉庚先生函（1960年1月22日）

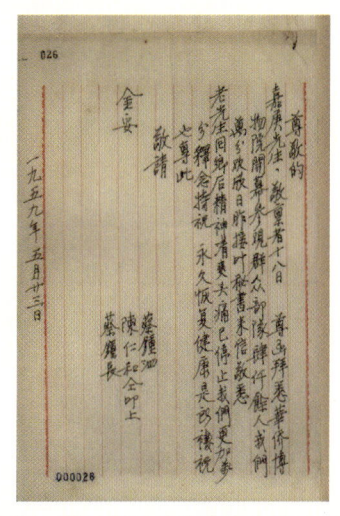

◎ 归侨蔡钟泗、陈仁和、蔡钟长致陈嘉庚先生函（1959年5月23日）

《福建日报》《厦门日报》《鹭风报》等多家媒体报道了华侨博物院揭幕盛况。

◎ 1959年5月15日《厦门日报》关于华侨博物院揭幕的报道

◎ 1959年5月18日《福建日报》关于华侨博物院揭幕的报道

◎ 1959年5月18日《鹭风报》在显要位置刊登关于华侨博物院揭幕的报道

二、完善机制

陈嘉庚先生在华侨博物院开幕之际进一步健全完善管理机制，于1959年设立华侨博物院行政委员会，亲任主任，聘请时任福建省副省长尤扬祖、厦门市委副书记肖枫、厦门市副市长张楚琨、厦门市侨联主席颜西岳为副主任。陈嘉庚先生主持召开行政委员会第一次会议，讨论决定华侨博物院的经济、管理、文物征集及陈列等事宜，并聘任陈永定为秘书，主持院务工作。

◎ 华侨博物院行政委员会副主任尤扬祖 
◎ 华侨博物院行政委员会副主任肖枫 
◎ 华侨博物院行政委员会副主任张楚琨 
◎ 华侨博物院行政委员会副主任颜西岳

◎ 华侨博物院行政委员会秘书陈永定

陈永定（1925—2021），生于马来西亚，祖籍集美，是陈嘉庚先生族侄。1950年代，年轻有为的陈永定得到陈嘉庚先生的信任，先后负责厦门大学扩建和华侨博物院筹建事宜。华侨博物院开幕后，他长期负责华侨博物院的日常工作，直至退休，毕其一生守护华侨博物院，尽职于嘉庚教育事业。

华侨博物院行政委员会是院行政领导机构，除了主任、副主任、秘书之外，还有时任全国侨联副主席王源兴、全国侨联常委黄钦书、全国侨联委员黄洁、厦门市市长李文陵、厦门市文化局局长苏节、厦门市侨联副主席汪万新等几位成员。

行政委员会的成员们十分关心、支持华侨博物院的工作。1959年5月31日，王源兴致函陈嘉庚先生，提到华侨博物院开幕及行政委员会成立事宜，表示博物院"下一阶段的工作和计划发展，未审有何决定，晚当遵循指示继续工作"。信中还报告广州中山大学副校长陈序经拟参观华侨博物院的事宜。

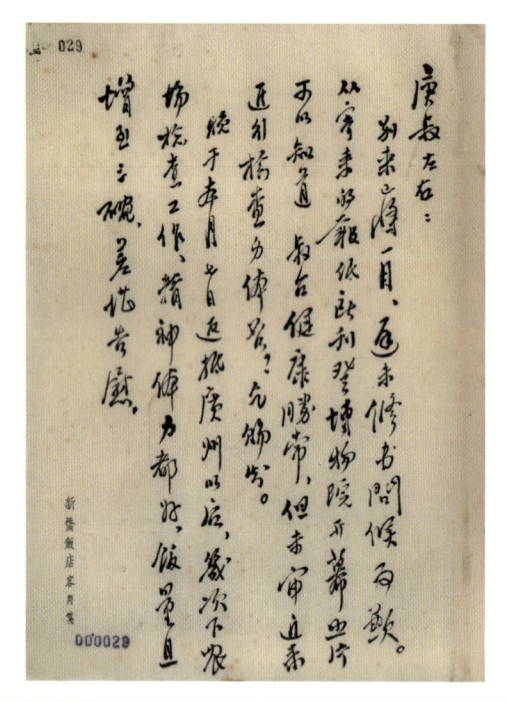

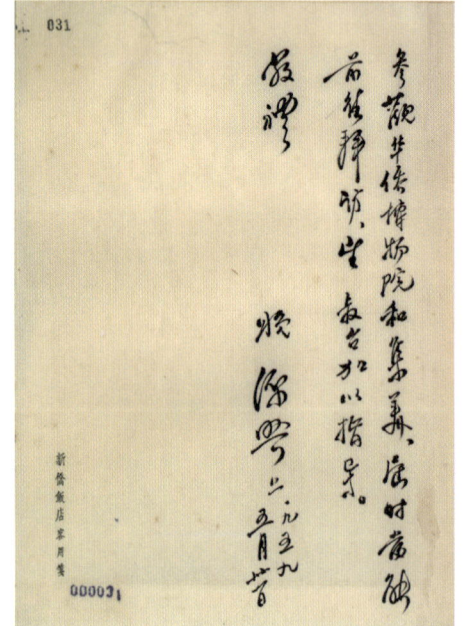

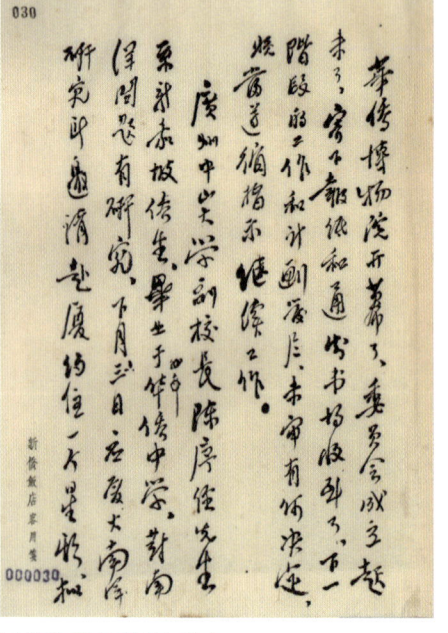

◎ 王源兴致陈嘉庚先生函（1959年5月31日）

1960年1月22日，时任福建省教育厅副厅长肖枫回复陈嘉庚先生的电文谈到受陈嘉庚先生委托与水产局接洽的相关事宜。

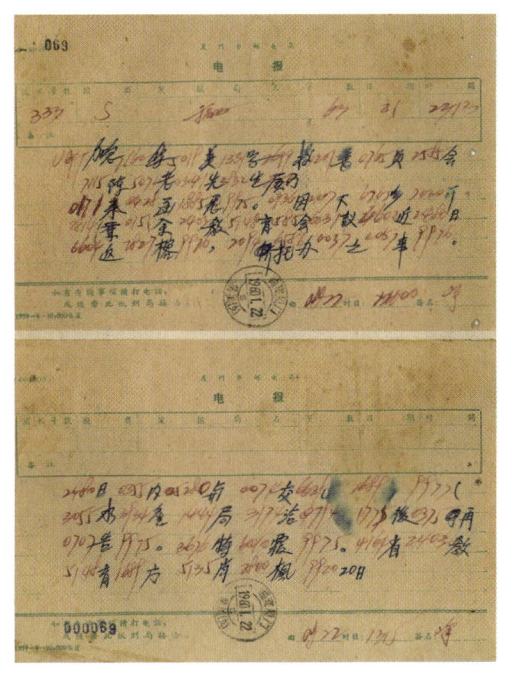

◎ 时任福建省教育厅副厅长肖枫回复陈嘉庚先生的电文（1960年1月22日）

1959年的"华侨博物院参观简章"开宗明义，指出"本院为华侨捐资创立"，其中陈列中外文物"供众参观，借以唤起旅外及归国华侨、国内侨眷爱护祖国、尊重友邦的观感"。

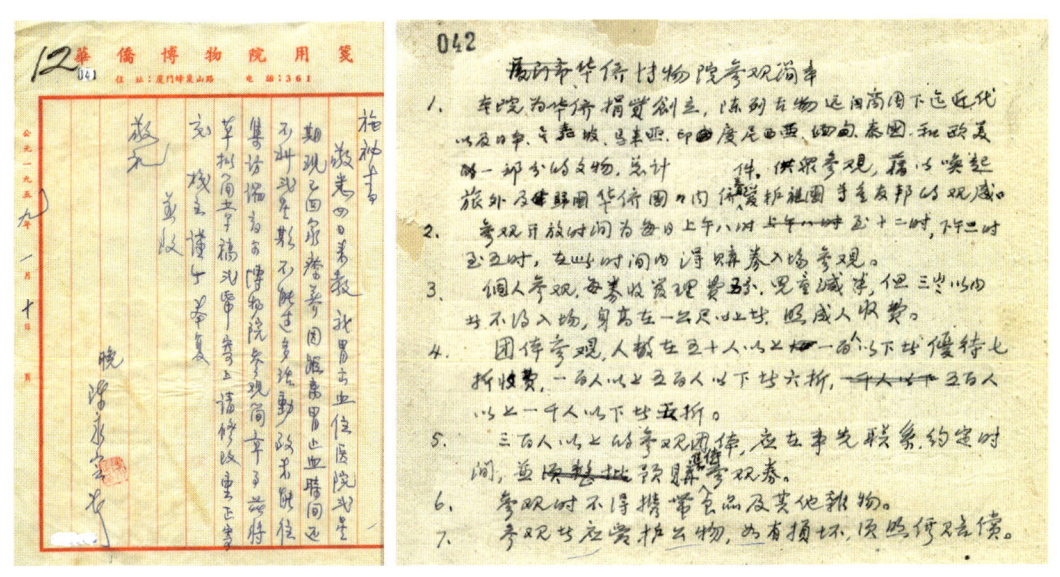

◎ 陈永定致施秘书函及随函附上的"华侨博物院参观简章"手写稿（1959年1月10日）

自 1959 年 5 月开放至 1965 年 9 月闭馆，华侨博物院接待中外人士共 42 万余人，为新中国文教事业、中外文化交流作出了重要的贡献。

◎ 1959 年 8 月 16 日，归侨吴景芳、叶秀治、林明琯、蔡金鱼等 20 多人参观华侨博物院时留影

华侨博物院……是华侨设立的……是配合教学研究的机构，原是全国性的；它负有介绍南洋的责任，必须陈列很多南洋文物，以供国内人民了解南洋情况，故其内容不但是全国性，而且是世界性的。
——陈嘉庚《倡办华侨博物院缘起》

[第三篇]

守护华侨华人心中的家园

◎ 华侨博物院

　　华侨博物院65年的发展历史，离不开海内外华侨华人和社会各界的捐赠义举和厚爱，他们捐献藏品，捐资出力，丰富院藏，为推动华博发展奉献力量。陈永定先生在十年特殊时期，将陈嘉庚先生为华侨博物院收集珍藏的文物和创办之初海外华侨捐赠的南洋文物保护下来，才有后续的发展。华侨博物院长期坚持源于华侨、为侨服务的宗旨，在完善综合性博物馆功能的基础上，更加突出"侨"的特色，与海外华侨华人共同守护好这座心中的家园。

第七章 | 保护文物　坚守初心

谈到华侨博物院的建设和藏品，就不能不提到陈永定先生。他是陈嘉庚先生的族亲，在建院伊始，受先生之托，从厦门大学建筑部主任的岗位，来到筹划之中的华侨博物院，在嘉庚先生亲自选定的院址，实施华侨博物院的建设工程。其后长期主持华侨博物院的工作直至1990年退休（后被聘为名誉院长）。出于对陈嘉庚先生及其事业的景仰和热爱，陈永定同时承担院藏文物的保管工作，为嘉庚先生这笔社会教育遗产的保护整理和陈列展出倾注了大半生的心力。特别是在"文革"初期，陈永定听闻附近的南普陀佛像已受到破坏，立即发动全家连夜转移文物藏品，封存于顶楼暗室，为华侨博物院在改革开放后恢复发展打下基础，其功永志院史！

陈嘉庚先生亲自征集、陈永定在特殊时期冒着极大风险保护的华侨博物院藏品，为世人所赞叹。我们择其部分与诸君共赏！

一、部分中国古代文物

◎ 商粗绳纹陶鬲　　◎ 战国水波纹双辅耳陶壶　　◎ 汉铜弩机

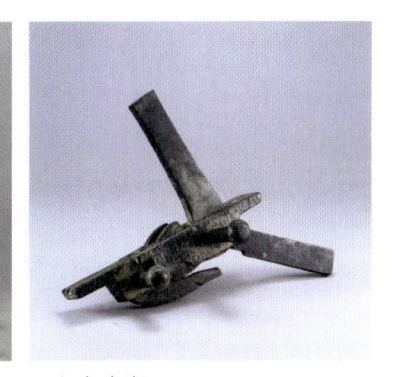

◎ 东汉褐釉堆贴熊纹五罐瓶　　◎ 唐三彩陶武士踏牛俑　　◎ 宋白釉褐花玉壶春瓶

◎ 宋黑釉白花罐 　　◎ 辽三彩塔 　　◎ 金山西窑白釉刻花长方枕

◎ 西夏黑釉剔花双耳瓶 　　◎ 元准提菩萨坐像 　　◎ 明阿拉伯纹铜炉

◎ 明黑釉印卷草纹四耳罐 　　◎ 明嘉靖款青花缠枝莲纹缸 　　◎ 明象牙笏板

◎ 清漳州窑白釉观音塑像 　　◎ 清乾隆釉里三色百鹿纹双螭耳瓶 　　◎ 清德化窑白釉达摩立像

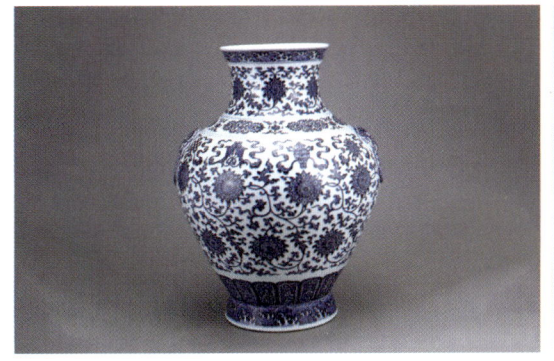

◎ 清乾隆款青花缠枝莲托八宝纹双铺耳尊 　　◎ 清青花竹林七贤大碗

◎ 清景德镇窑青花婴戏纹将军罐 　　◎ 清粉彩花卉纹枕 　　◎ 清景德镇窑粉彩瓜蝶纹尊

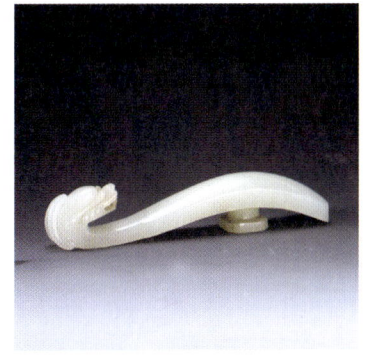

◎ 清白玉龙首带钩 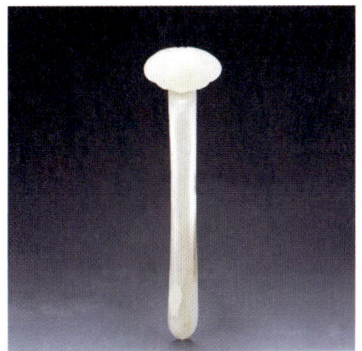　　◎ 清白玉发簪 　　◎ 清玉扁方

二、部分外国文物

陈嘉庚先生以开阔的视野和远见卓识，将外国文物纳入华侨博物院院藏，希望人们走进博物馆观赏中国古代历史文物的同时，也能观赏到外国文物，从而更多地认识外面的世界。华侨博物院院藏外国文物涉及国家有德国、奥地利、法国、英国、俄罗斯、捷克、波兰、马来西亚、缅甸、印尼、泰国、柬埔寨和日本等。

◎ 缅甸释迦牟尼石雕像 　　◎ 缅甸木雕大象 　　◎ 印尼峇里木雕神像

◎ 印尼峇里木雕水鸟像 　　◎ 印尼峇里木雕女子 　　◎ 印度尼西亚短曲剑

◎ 马来亚短佩剑 　　◎ 泰国鎏金铜象 　　◎ 泰国铜佛盘

◎ 泰国铜象 　　◎ 泰国铜佛像 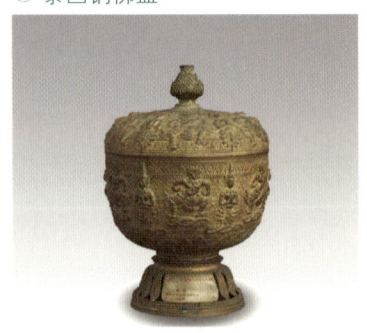　　◎ 柬埔寨铜豆

◎ 日本竹春款吴须赤绘四角钵 　　◎ 日本早川款米色釉彩绘仕女小罐 　　◎ 日本雅光款彩绘开光花果罐

◎ 日本铜胎珍珠地錾金贴塑葡萄瓶 　　◎ 日本铜胎油画笔意风景图罐 　　◎ 日本铜胎绿地草虫三足薰炉

◎ 日本套蓝色车刻玻璃瓶 　　◎ 日本陶弘山款彩绘描金菊凤纹瓶 　　◎ 日本寿山款铜鲤鱼

◎ 日本磨砂釉红彩龙纹双耳大瓶 　　◎ 日本绿釉白花描金灯座 　　◎ 日本龙山款彩绘描金开光花卉矮腹瓶

◎ 日本蓝釉彩绘描金走象

◎ 日本九谷款青花布袋僧

◎ 日本九谷款金襕手花鸟人物盖瓶

◎ 日本九谷款红釉狮子滚绣球

◎ 日本九谷款彩绘描金仙人

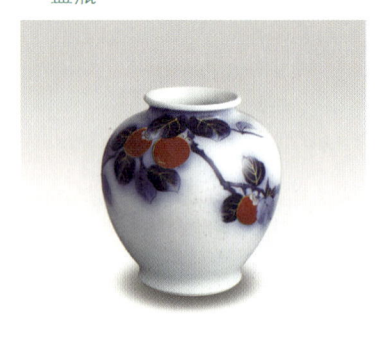

◎ 日本江上款青花折枝红彩描金柿子罐

◎ 日本吉田款白釉彩绘七福神花瓶

◎ 日本黄地彩凤凰七宝烧香薰

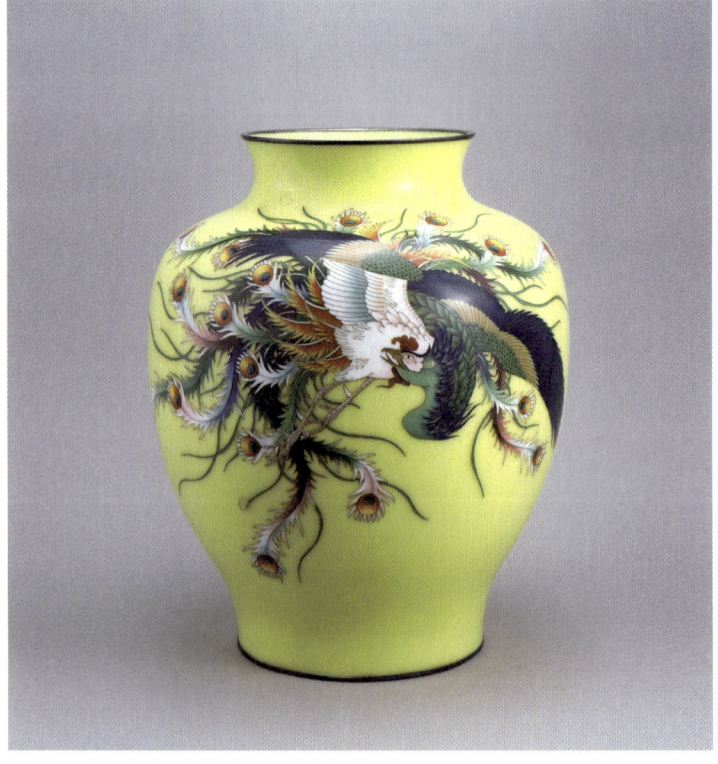

◎ 日本黄地彩凤凰七宝烧壶

◎ 日本画押款青花彩绘牡丹花瓶

◎ 日本彩绘油画笔意风景图罐

◎ 日本东山款珐华彩浮雕五神图大瓶

◎ 日本雕绘仙人渡海瓶

◎ 日本雕绘花鸟环耳束颈花口瓶

◎ 日本错金渔翁泛舟图小罐

◎ 日本彩绘描金狮子

◎ 日本九谷款彩绘描金大立像观音

◎ 日本彩绘开光仕女游春四足香炉

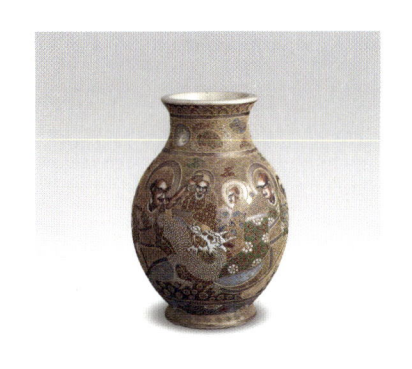

◎ 日本本吉山款彩绘描金佛画撇口壶

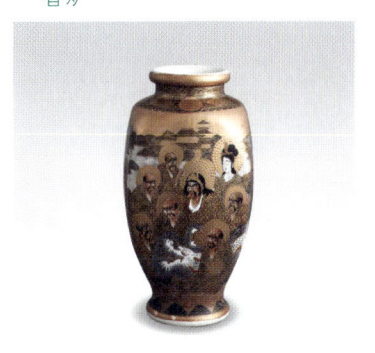

◎ 日本青花彩绘花鸟开光人物棱纹瓶

◎ 日本萨摩烧白山款金彩群神图瓶

博物大观

◎ 日本"深川制"款彩绘描金开光婴戏图大瓶

◎ 欧洲双人舞蹈石雕像

◎ 欧洲打高尔夫球铜人

◎ 波兰瓷足球运动员塑像

◎ 欧洲彩绘描金双耳花盆

◎ 欧洲彩绘堆塑人物壁挂

◎ 捷克车刻玻璃瓶

◎ 捷克车刻玻璃盒

◎ 法国天蓝地开光人物风景双耳瓶

◎ 法国红地开光彩绘描金人物双耳瓶

◎ 法国描金开光人物花草双耳带盖瓶

◎ 奥地利蓝釉堆塑花卉瓶

◎ 奥地利浅浮雕风景挂盘 　　◎ 俄罗斯乌拉山矿石雕塑台壶 　　◎ 法国红花提梁双联盘

◎ 法国蓝地开光彩绘人物风景双耳瓶

◎ 德国彩绘描金人物双耳扁瓶 　　◎ 德国素胎瓷塑孩童像

◎ 德国彩绘雕花双耳瓶 　　◎ 英国彩绘手提壶 　　◎ 英国蓝地堆塑人物提梁壶

第八章 | 四海侨心　呵护成长

在嘉庚精神的引领下，陈嘉庚先生后裔继续关心祖辈开创的事业，捐资支持基础建设和文物修复，奉献个人收藏的珍品，热心为华侨博物院宣传联络、牵线搭桥，以各种方式关怀、爱护、支持、帮助华侨博物院发展。

1978年，华侨博物院恢复开放，海外华侨华人和社会贤达热情地关注陈嘉庚先生遗业的发展情况，为华侨博物院添置设备，如捐赠照相机、传真机、汽车等。众多的海外华侨华人和各界人士慷慨捐出艺术品、文物、实物、照片资料等，丰富收藏品类，为华侨博物院的陈列展览、科学研究等业务提供许多新资料。国内外各界人士诚挚、热情地关注并支持华侨博物院的建设和成长。

一、侨界关怀与捐赠

改革开放后，陈嘉庚先生后裔继续关心、指导、帮助华侨博物院的建设与发展。

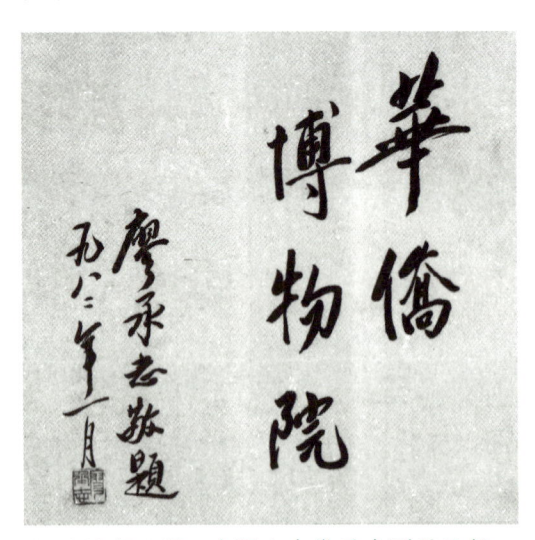

◎ 1982年1月，全国人大常委会副委员长廖承志为华侨博物院题写院名

◎ 1981年4月，陈嘉庚先生六公子陈元凯（左二）与夫人周明真（右一）参观华侨博物院，院领导陈永定（左一）陪同

◎ 1981年4月，陈嘉庚先生九公子陈元翼（右四）莅临华侨博物院参观指导

◎ 1983年10月，陈嘉庚先生七公子陈元济伉俪（左二、左三）访问华侨博物院

◎ 1984年10月，陈嘉庚先生五公子陈国庆伉俪（右二、右一）莅临华侨博物院参观指导

◎ 许多创办时期捐款人长期关怀华侨博物院的发展，图为1981年全国侨联副主席庄明理（左四）、张楚琨（左三）莅临华侨博物院指导

◎ 华侨博物院创办时期捐款人之一、新加坡华人陈永和于90年代初继续捐款10万元。图为1982年陈永和伉俪（右三、右四）访问华侨博物院时与院领导陈永定（右一）等合影

◎ 华侨博物院创办之初，泰国归侨蚁美厚捐赠一座泰国佛龛。图为1985年中国侨联副主席蚁美厚（左四）一行莅临华侨博物院时与院领导陈永定（左二）等留影

第三篇 | 第八章 四海侨心 呵护成长 115

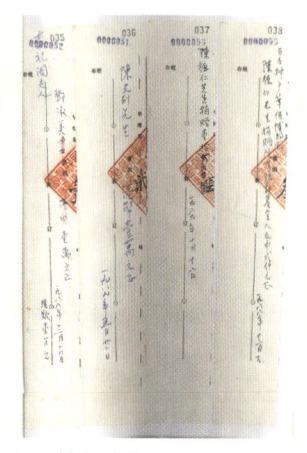

◎ 侨胞向华侨博物院捐款的存根 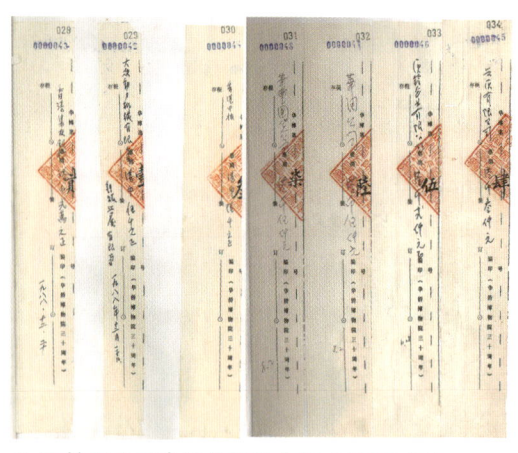　　　　　　　　◎ 支持纪念刊出版的捐款存根（1988年）

◎ 1989年，为支持华侨博物院的发展，海外华人及香港各界以刊登广告等形式资助付印《华侨博物院三十年》一书，共筹集67500多元港币

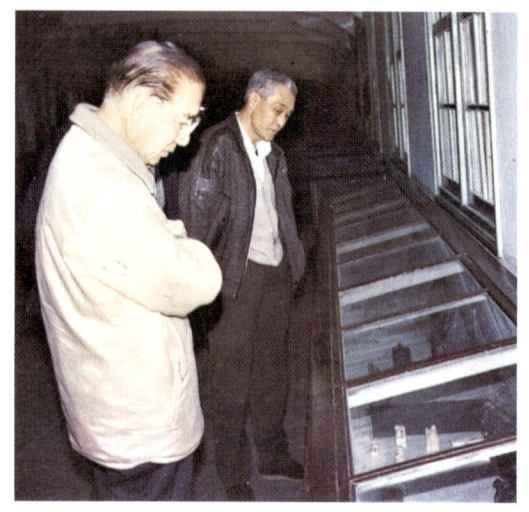

◎ 1990年，陈嘉庚先生侄儿、陈敬贤先生之子陈共存（左）在院领导陈永定（右）陪同下参观展览

◎ 陈共存（右一）与瑞典客人（右三）莅临华侨博物院参观，院领导陈毅明（左二）、丁炯淳（右二）陪同（1998年10月）

◎ 李光前、陈爱礼后裔多年来一直关心华侨博物院的发展。1993年10月，李光前、陈爱礼次子李成智（中）莅临华侨博物院参观，院领导陈毅明（右一）向来宾介绍展览

◎ 1994年10月，李光前、陈爱礼的长子李成义（右五）一行莅临华侨博物院参观，院领导陈毅明（左三）、郭庭海（左一）与顾问黄猷（左二）陪同

◎ 1995年3月，新加坡李氏基金主席李成义致函院领导陈毅明，表示捐赠100万元支持文物库房建设

◎ 1993年10月，陈嘉庚先生长子陈济民（即陈厥福）的夫人王素月（右一）访问华侨博物院，院领导陈永定（左一）陪同参观

◎ 陈立人多年来陆续将1000多件侨史文物、实物、资料等捐赠给华侨博物院。图为1994年10月，在华侨博物院扩建基金理事会成立暨扩建工作座谈会上，陈立人（中）将收藏的珍品赠予华侨博物院

◎ 陈嘉庚长孙陈立人长期密切联系健在的南侨机工及其后裔，宣传南侨机工的抗战救国精神。图为1993年10月，陈立人（前排左四）与南侨机工翁家贵（左二）、王亚六（左三）、杨保华（左六）、罗开瑚（左七）等合影

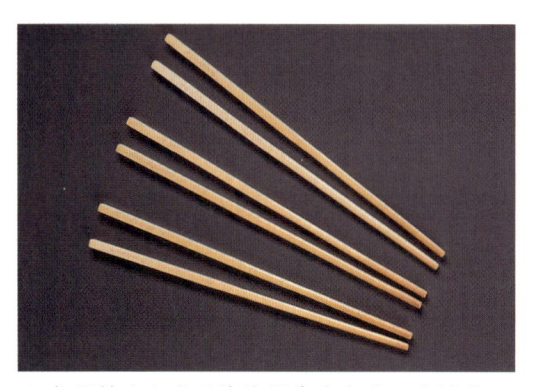

◎ 象牙筷（上书"陈济民先生存念　卓神荣敬赠"）（陈嘉庚先生长孙陈立人捐赠）

◎ "厥福宝鸾兰"——新加坡镀金石斛兰工艺品（现代，新加坡陈立人捐赠）

◎ 王素月使用的首饰（近现代，新加坡陈立人捐赠）

◎ 土生华人金腰带（民国，新加坡陈立人捐赠）

◎ "华中之花"——纪念新加坡华侨中学100周年校庆镀金石斛兰工艺品（现代，新加坡陈立人捐赠）

◎ 陈嘉庚先生新加坡旧宅中的水晶洋酒瓶（20世纪早期，新加坡陈立人捐赠）

◎ 英国安妮女王描金粉彩水仙花纹骨瓷咖啡杯、骨瓷盘（20世纪早期，新加坡陈立人捐赠）

◎ 何香凝贺嘉庚先生八十寿辰梅花牡丹图（1954年，新加坡陈立人捐赠）

◎ 何香凝赠陈济民夫妇牡丹图（1961年，新加坡陈立人捐赠）

博物大观
陈嘉庚教育理念与华侨博物院

◎ 谦益公司（水彩画，1994年，作者：王金成，新加坡陈立人捐赠）

◎ 新加坡天福宫（水彩画，2002年，新加坡陈立人捐赠）

◎ 1994年9月，振兴中华科学基金会向华侨博物院捐款12万元。图为振兴中华科学基金会会长陈水俊（右）

◎ 新加坡亚洲研究会顾问林子勤关心华侨博物院的发展，曾赠送传真机一部，用于发展院务。图为1994年厦门市委副书记、市人大常委会主任李秀记（右）为林子勤（左）颁发捐赠证书

◎ 1994年10月，南侨机工代表列席华侨博物院发展规划座谈会。图为陈嘉庚先生侄子陈共存（左五）与南侨机工代表（左起）刘宝全、翁家贵、王亚六、杨保华、汤晓梅（机工汤耀荣之女）等合影

◎ 1994年，归侨将领黄登保的夫人陈兢莹委托黄登保之妹黄玉燕、黄瑞云向华侨博物院捐赠一批黄登保遗物，包括菲律宾海关颁发的登陆居留证、钢笔、模范党员证以及勋章等珍贵文物

◎ 归侨将领黄登保的解放东北纪念章（1948年，黄玉燕、黄瑞云捐赠）

◎ 归侨将领黄登保的"自卫还击，保卫边疆"纪念章（1979年，黄玉燕、黄瑞云捐赠）

◎ 印尼华人，著名社会活动家、被誉为"民间大使"的唐裕，长期关心、支持华侨博物院的发展，向华侨博物院捐赠侨史实物、动物标本等。图为1994年唐裕（左三）出席庆祝华侨博物院35周年活动时留影

◎ 海龟科玳瑁标本（印尼唐裕捐赠）

◎ 1996年，陈嘉庚先生七公子陈元济（前排中）偕陈嘉庚孙女陈佩贞（前排右一）、陈嘉庚长孙陈立人（后排左一）、儿子陈君宝（前排左一）、陈佩贞女儿胡广华（后排右一）等莅临华侨博物院参观指导

◎ 1996年，菲律宾华人蔡维周、杨淑芳伉俪向华侨博物院捐赠一张雕花髹漆旧式木床。图为捐赠人蔡维周在"华侨华人"展陈中仔细观阅藏品的说明牌

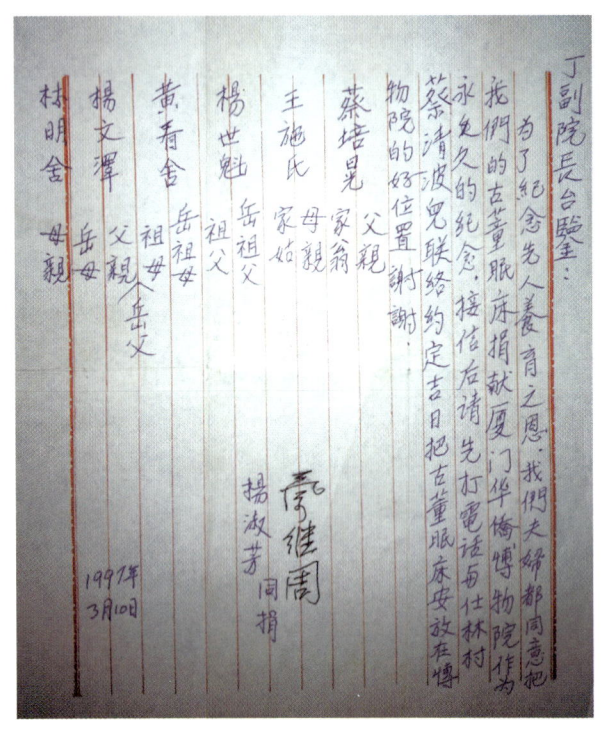

博物大观
陈嘉庚教育理念与华侨博物院

◎ 菲律宾华人杨淑芳与夫君蔡维周写于1997年3月10日的亲笔信函

◎ 1998年,陈嘉庚先生后裔访问团莅临华侨博物院时,陈嘉庚先生六公子陈元凯的夫人周明真(左)将个人画作赠送华侨博物院收藏,与丁炯淳院长(右)、陈立人(中)合影

◎ 1999年10月,陈嘉庚先生后裔出席华侨博物院40周年暨主楼两翼落成典礼时合影

◎ 黄仲涵"建源公司"象牙质印章(黄仲涵后人黄允尾捐赠)

◎ 1997年,荷兰华人吴银泉向华侨博物院捐赠爪亚巴达维亚中华会馆赠给驻和中华会"导育侨胞"题匾

◎ 日本神户中华总商会名誉会长、日本神户侨领、神户华侨历史博物馆陈德仁馆长，关心华侨博物院的发展情况，曾捐款10万元。图为1997年陈德仁、张之榕伉俪（左三、左四）访问华侨博物院时与院领导陈永定（右二）、陈毅明（左二）、丁炯淳（右一）、翁玉华（左一）等合影

◎ 1998年7月，丁炯淳院长（左）与厦门海外联谊会常务副会长陈富第（右）应陈德仁生前邀请，前往神户接受陈德仁遗赠的个人收藏的一批神户侨史图书资料、手稿、照片等，并与神户华侨总会、中华总商会、中华同文学校、福建同乡会、福建会馆、孙中山纪念馆等机构建立和加强了联系。图为访问神户中华同文学校（中为文启东校长）

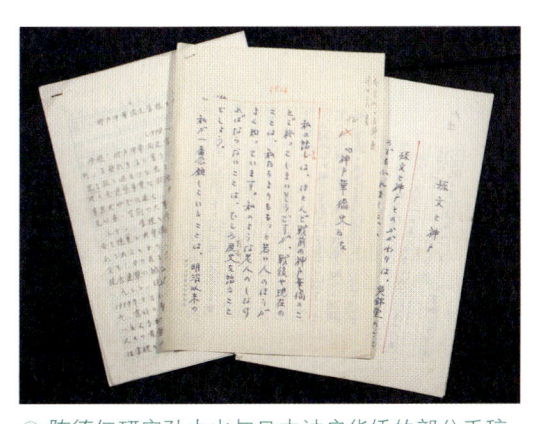

◎ 陈德仁研究孙中山与日本神户华侨的部分手稿

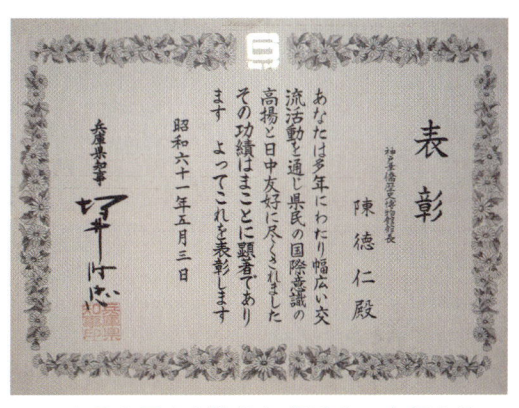

◎ 日本兵库县表彰陈德仁促进中日友好交流证书（1986年，日本陈德仁捐赠）

◎ 福建省人民政府颁发给颜西岳的"乐育英才"牌匾（1984年，归侨颜西岳捐赠）

◎ 新加坡侨领孙炳炎多年来给予华侨博物院极大的关怀和帮助，曾于1984年和1992年捐赠2部十二座汽车，后又慷慨捐赠其个人收藏品200多件。图为1999年10月，孙炳炎在陈嘉庚先生创办华侨博物院40周年暨主楼两翼落成典礼上致辞

第三篇 | 第八章 四海侨心 呵护成长 123

◎ 新加坡中华总商会赠孙炳炎"劳苦功高"纪念盾牌（1976年，新加坡孙炳炎捐赠）

◎ 新加坡森林公司账册（1935年，新加坡孙炳炎捐赠）

◎ 1999年，新加坡怡和轩俱乐部向华侨博物院捐赠一套陈嘉庚先生任主席时使用过的红木螺钿家具

◎ 李光前创办的新加坡李氏基金长期关心华侨博物院发展，多年来捐助300多万元用于基础建设和文物修复。图为2001年2月李氏基金主席李成义（右二）与陈毅明（左二）名誉院长等合影

◎ 2001年，曾江水后裔将一套家族使用的木雕供桌、神龛、髹漆条案、髹漆方桌等由澳大利亚运至新加坡，在陈立人的帮助下转运至厦门，捐赠给华侨博物院

◎ 土生华人祭祀用青花瓷器（清朝，新加坡林陈宝玲捐赠）

◎ 龙山堂赠曾江水"瑞霭华堂"题匾（曾江水后裔捐赠）

◎ 中马建交30周年纪念首日封（2004年，陈嘉庚八公子陈国怀之子陈联辉捐赠）

◎ 中马建交30周年纪念邮票（2004年，陈联辉捐赠）

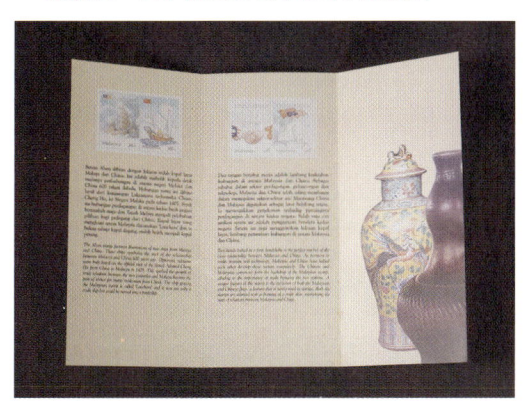

◎ 中马建交30周年纪念活动说明书（2004年，陈联辉捐赠）

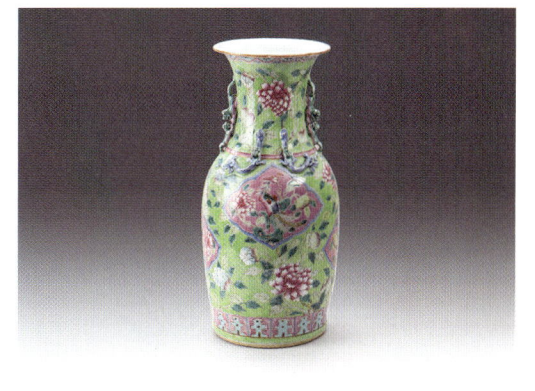

◎ 土生华人粉彩瓷瓶（清朝，新加坡李碧芳捐赠）

◎ 美国南加州同安联谊会会长陈文赞（中）向华侨博物院捐赠侨史文物（2001年8月）

◎ 新加坡侨领陈文确、陈六使后裔省亲团一行参观"华侨历史陈列"（2001年10月）

◎ 新加坡华人企业家、慈善家李陆大（右二）莅院参观"华侨华人人物展"，丁炯淳院长（左一）等陪同参观（2001年12月）

◎ 李陆大入选国际名人录证书（1999年，新加坡李陆大捐赠）

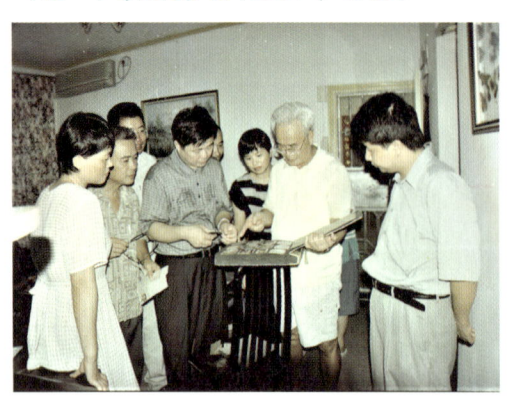

◎ 华侨大学李应瞻教授（右二）向华侨博物院捐赠抗美援朝时期捐款箱、信件、报纸、文献资料等。图为李应瞻向华侨博物院工作人员介绍其捐赠物品（2002年7月）

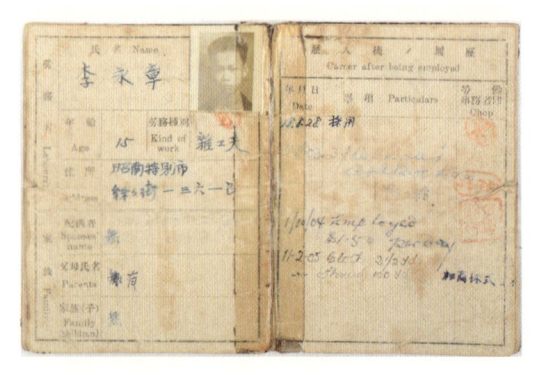

◎ 新加坡李永章"劳务手账"（1943年，李应瞻、符妙凤捐赠）

◎ 陈嘉庚先生七公子陈元济（前排左六）率领陈嘉庚先生后裔和陈文确、陈六使昆仲的后裔出席华侨博物院45周年庆典活动（2004年10月）

◎ 云南南侨机工联谊会代表等应邀出席华侨博物院45周年庆典。图为丁炯淳院长（左四）、陈毅明名誉院长（右一）与南侨机工代表翁家贵（左三）、王亚六（右四）、杨保华（右三）、罗开瑚（右二）等人合影（2004年10月）

◎ 南侨机工翁家贵奖状（1941年，翁家贵捐赠）

◎ 南侨机工汤耀荣华侨登记证（1939年，汤晓梅捐赠）

◎ 南侨机工陈飞龙的美式军用水壶、刘传寿的军用腰带、韩利丰的螺丝刀、张财的牙缸以及南侨机工使用的毛毯（民国）

◎ 南侨机工复员纪念章、华侨机工回国服务荣誉纪念章、华侨互助会会员证章（自左至右）（民国，南侨机工殷华生捐赠）

◎ 马来西亚槟城谢仁忠等代表谢氏福侯公公司将一套祭祀用青花瓷器捐赠给华侨博物院。图为丁炯淳院长（右二）向谢仁忠会长（右三）颁发捐赠证书（2004年10月）

◎ "谢石塘家冢"款青花瓷器（1914年，马来西亚谢仁忠等捐赠）

◎ 2004年，新加坡华人收藏家陈来华将自己多年来悉心收藏的1000多件侨史文物、实物、照片、资料等捐赠给华侨博物院，充实侨史展陈和馆藏。图为丁炯淳院长（左一）与陈来华（右一）一道陪同新加坡来宾（右二、右三）参观展览

◎ 马来亚雪兰莪华侨筹赈祖国难民委员会月捐章（左，1938年）与霹雳华侨筹赈祖国难民委员会月捐章（右，1941年）（新加坡陈来华捐赠）

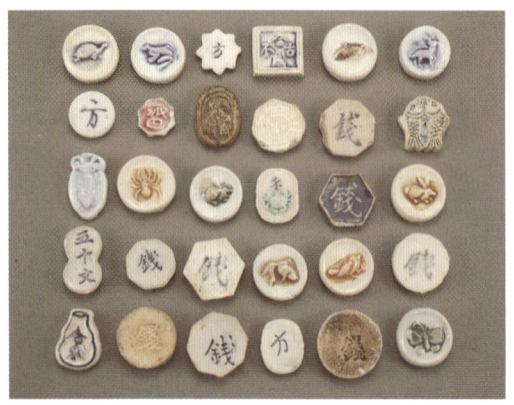

◎ 华工工钱代用币（19世纪末20世纪初，新加坡陈来华捐赠）

◎ 南侨总会"七七"纪念章（1938年，新加坡陈来华捐赠）

◎ 林推迁印章（20世纪，新加坡陈来华捐赠）

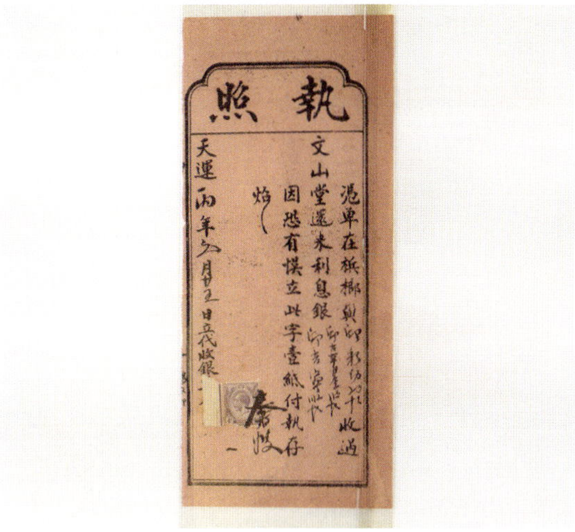

◎ 马来亚华人收款收据（新加坡陈来华捐赠）

◎ 厦门侨报《鹭风报》对新加坡华人收藏家陈来华捐赠情况作了专题报道（2004年11月）

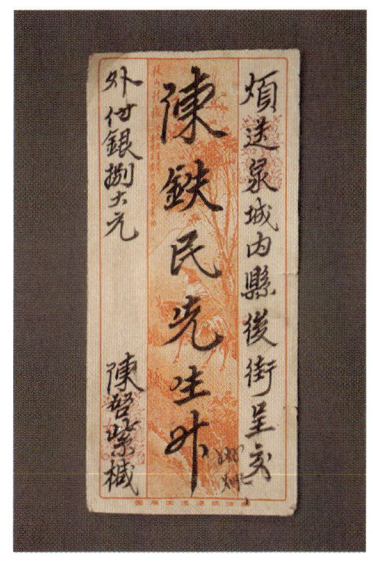

◎ 侨批（泉州王连茂捐赠）

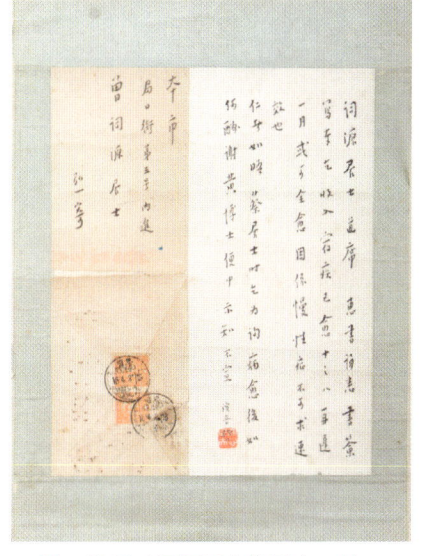

◎ 弘一法师致词源居士信函（一封一通）（民国，黄瀛华、黄美惠捐赠）

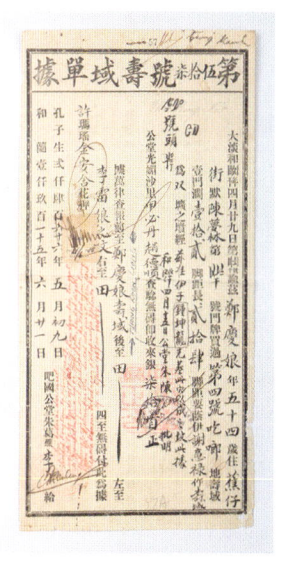

◎ 吧城华人购买寿域单据（1915年，荷兰包乐史捐赠）

博物大观
陈嘉庚教育理念与华侨博物院

◎ 王艺雄（右三）将其父亲、画家王瑞璧（新加坡文化奖章获得者）遗作画册一套赠予华侨博物院，丁炯淳院长（左三）、谢美华副院长（右一）等代表华侨博物院接受捐赠（2005年4月）

◎ 陈德馥先生（左二）向华侨博物院工作人员介绍其捐赠的侨汇票、侨史资料等（2005年7月）

◎ 新加坡怡和轩俱乐部林清如（左一）、杨松鹤（右三）、柯宝国（右二）等莅临参观并赠送石斛兰巨幅照片（2006年9月）

◎ 马来西亚张至胜（中）向华侨博物院捐赠锡米、割胶工具等一批侨史实物。图为张至胜在展厅向工作人员介绍其捐赠物品情况（2008年10月）

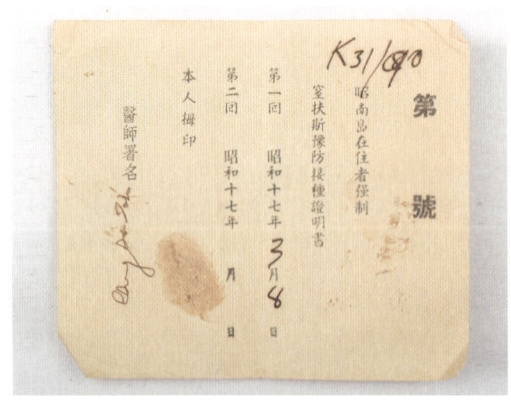

◎ 昭南岛在住者强制伤寒预防接种证明书（1942年，新加坡韩山元捐赠）

◎ 马来西亚吉兰丹福建会馆赠予新加坡福建会馆的纪念牌（1979年，新加坡福建会馆捐赠）

◎ 纽约各界华侨及美中人民友好协会联合举办"庆祝中华人民共和国成立廿六周年"活动宣传单（1975年，美国陈天璇、罗兰捐赠）

◎ 土生华人描金花鸟纹漆篮（近现代，新加坡苏文丽捐赠）

◎ 美籍华人作家陈天璇、罗兰伉俪向华侨博物院捐赠一批侨史实物、资料等，包括反映美国侨史的照片、彩色传单、节目单等。图为丁炯淳院长（左一）与陈天璇伉俪合影（2010年10月）

◎ 来自荷兰、德国、英国、印尼等国家和地区的漳州石美北门徐氏后裔寻根团莅临华侨博物院参观，并赠送家族资料等，丁炯淳院长（左二）代表华侨博物院接受捐赠（2012年4月）

◎ 驻新加坡总领事馆发给李新（李大华）的自愿回国参战证明（1937年，马来西亚杨亚利捐赠）

◎ 捐赠"导育侨胞"牌匾的荷兰华人吴银泉的儿子吴仲汉（左三）与亲友莅临华侨博物院，捐赠二战期间华侨抗日救伤队珍贵历史照片、资料等，图为谢美华副院长（右二）向吴仲汉颁发捐赠证书（2012年4月）

◎ 捐赠雕花髹漆旧式木床的菲律宾华人蔡维周、杨淑芳的女婿吴子文（中）偕女儿（右二）、女婿（左一）访问华侨博物院，在亲人捐赠的藏品前与丁炯淳院长（左二）、谢美华副院长（右一）合影（2012年）

◎ 缅甸侨领杨昭固后裔、新加坡归侨杨宜珍代表家族向华侨博物院捐赠雕花髹漆旧式木床、雕花长椅等侨史文物、图书资料等。图为丁炯淳院长（左）向杨宜珍（右）颁发捐赠证书（2015年6月）

◎ 九三学社社员、地质专家章似愚捐赠145件化石标本，其中包括侏罗纪晚期辽西地区热河生物群的代表性鱼类、软体动物、昆虫标本等，丰富华侨博物院的化石标本收藏品类。图为丁炯淳院长（左）向章似愚（右）颁发捐赠证书（2015年12月）

◎ 三叠纪创孔海百合化石（章似愚捐赠）

◎ 新加坡华人柯镇安（又名长源，右四）偕女儿（右二）将自己珍藏多年的具有纪念意义的107张南洋大学喜庆礼券及捐款收据等赠予华侨博物院，图为曾莹院长（左四）向柯镇安颁发捐赠证书（2016年5月）

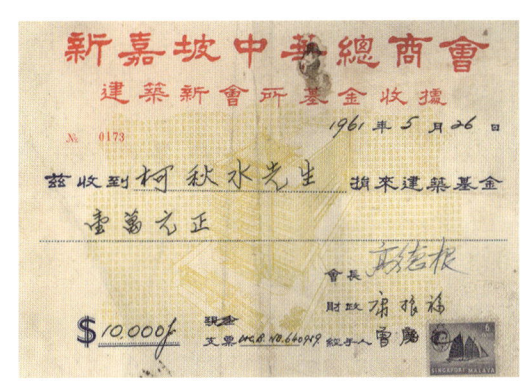

◎ 柯秋水捐款给新加坡中华总商会建筑新会所基金收据（1961年，新加坡柯镇安捐赠）

◎ 南洋大学喜庆礼券（1960年，新加坡柯镇安捐赠）

◎ 美籍华人林遵瀛向华侨博物院捐赠实物资料，包括20世纪30年代美国华侨照片、底片、纪念章等。图为曾莹院长（左）接受林遵瀛（右）捐赠的藏品（2016年6月）

◎ 在"翰墨生辉 丹青溢彩——马来西亚华裔书画家钟正川个人作品展"开幕之际，钟正川（右）向华侨博物院捐赠一幅纸本水墨画，曾莹院长（左）颁发捐赠证书（2018年12月）

◎ 国际知名空间技术专家钟赐贤教授（中）偕夫人夏晓峦博士（左）向华侨博物院捐赠父亲钟盛标相关图片、资料等计20件，曾莹院长（右）向钟赐贤教授颁发捐赠证书（2019年4月）

◎ 陈嘉庚先生长孙陈立人长期关心华侨博物院的发展，还积极联络、协助亲朋好友捐献大量侨史文物、实物等。图为2019年4月，陈立人向工作人员讲解藏品的来历与背景

◎ 陈嘉庚先生纪念章（20世纪）

◎ 中宣部等九部委授予陈嘉庚先生"最美奋斗者"奖章（2019年）

◎ 中宣部等九部委授予陈嘉庚先生"最美奋斗者"证书（2019年）

◎ 印尼著名侨领唐裕偕长子唐庆铭莅临华侨博物院参观访问。图为刘晓斌院长（左一）、钟志诚副院长（右一）、陈毅明名誉院长（右二）与唐裕（右三）、唐庆铭（左二）等合影（2019年11月）

◎ 华侨博物院名誉院长陈永定的子女遵照父亲遗愿向华侨博物院捐赠16封陈嘉庚先生致陈永定的亲笔信函。这批书信体现了嘉庚先生对博物馆建设的认识与见解，具有重要的文献价值。图为陈亚健（左二）、陈亚彬（右一）作为家属代表向华侨博物院和陈嘉庚纪念馆捐赠藏品，刘晓斌院长（左一）、翁荣标馆长（右二）颁发捐赠证书（2022年11月）

◎ 在陈立人热心牵线下，林明杰伉俪将两幅华侨美术家郭应麟油画作品捐赠给华侨博物院。图为陈嘉庚先生长孙陈立人（右五）、曾孙陈铭（左四）、刘晓斌院长（右六）、钟志诚副院长（左五）等与林明杰伉俪（右七、右八）合影（2023年4月）

◎ 台湾何邦立、汪忠甲伉俪捐赠林文庆长子、新加坡华人科学家林可胜的相关珍贵文物和图书资料等，包括林可胜外孙女Vivien Whittal女士委托捐赠的林可胜11枚勋表等。图为钟志诚副院长（左）向何邦立（右）颁发捐赠证书（2023年6月）

◎ 林可胜外孙女Vivien Whittal女士向华侨博物院捐赠林可胜在第一次世界大战、第二次世界大战期间被英国政府、中国政府、美国政府授予的11枚勋表，其中有抗战胜利勋表（1946）、中国战场胜利纪念章勋表（1946）、华胄荣誉勋表（1938）等

2023年7月，唐裕先生的公子唐庆铭委托陈立人协助，向华侨博物院捐赠唐裕生前使用的家具、收藏的艺术品等43件（套），包括家具、油画、铜钟、史前猛犸象化石等。

◎ 唐裕捐赠的史前猛犸象化石运抵厦门

◎ 巴厘岛耕作（油画，印尼唐裕捐赠）

◎ 唐裕捐赠的油画运抵厦门

二、国内外各界关注

◎ 全国政协副主席刘澜涛（左四），福建省委常委、省统战部部长张克辉（左二）在厦门市政协主席、市委统战部部长施耀（左一）的陪同下莅院考察参观（1983年2月）

◎ 全国人大常委会副委员长彭冲（左一）莅临华侨博物院考察指导工作（1984年12月）

◎ 中国侨联副主席庄明理（左一）、顾问张楚琨（左二）莅临指导工作（1989年10月）

◎ 中国侨联主席庄炎林（左三）莅院指导工作（1991年）

◎ 中共中央政治局原常委宋平（右）莅临考察指导工作（1993年3月）

◎ 英籍华裔作家韩素音女士莅临参观展览（1982年9月）

◎ 新加坡侨领、华侨博物院捐款人孙炳炎（右一）参观"华侨历史简介"，院领导陈永定（左一）陪同（1987年4月）

◎ 著名美籍华人陈香梅（右三）参观"华侨历史简介"，院领导丁秋来（左一）陪同（1989年12月）

◎ 陈嘉庚国际学会领导人莅临华侨博物院（1993年3月）

◎ 陈嘉庚国际学会访问华侨博物院并植树纪念，诺贝尔化学奖获得者、会长李远哲（右一）与秘书长潘国驹（左一），马来西亚槟城首席部长林苍佑（左二）在植树现场合影（1993年3月）

◎ 陈嘉庚国际学会贵宾畅谈华侨博物院发展规划，图为李尚大在发言（1993年3月）

◎ 华侨博物院发展规划座谈会在厦门宾馆召开，厦门市市长洪永世（右三）、市人大常委会主任李秀记（右四）莅会指导（1994年10月）

◎ 海外华侨华人参加华侨博物院发展规划座谈会，图为印尼侨领、实业家李尚大发言（1994年10月）

◎ 陈嘉庚先生的七公子陈元济参观展览（1994年10月）

◎ 新加坡著名历史学家王赓武（右）教授参观展览，院领导陈毅明（左）陪同（1996年11月）

◎ 国务院侨办主任郭东坡（中）参观"华侨历史陈列"，厦门市侨办主任黄美缘（左）、院领导丁炯淳（右）陪同（1997年4月）

◎ 印尼企业家、慈善家唐裕（右）与陈嘉庚先生长孙陈立人（左）参观"华侨历史陈列"（1997年9月）

◎ 中央统战部副部长张廷翰（中）来院指导工作，厦门市委统战部部长陈耀中（左）与丁炯淳院长（右）陪同（1997年10月）

◎ 陈嘉庚先生后裔回国访问团访问华侨博物院（1998年10月）

◎ 新加坡前总统黄金辉伉俪（前排右五、右六）莅临华侨博物院参观访问，新加坡侨领孙炳炎（前排右四）与丁炯淳院长（右七）陪同参观（2000年5月）

◎ 中国侨联主席林兆枢（右二）莅院考察指导（2001年8月）

◎ 旅日福建同乡"恳亲会"厦门大会植树立碑纪念活动在华侨博物院举行仪式（2001年10月）

◎ 国务院侨办副主任许又声（左三），日本神户侨领林同春（左四），全国侨联副主席林丽韫（左五），神户侨领林圣福（右三），华侨博物院创办人陈嘉庚先生长孙陈立人（右一）、福建省侨办主任林爱国（左二），厦门市人大常委会副主任、市侨联主席陈联合（右二）共同培土植树（2001年10月）

◎ 林同春、林圣福、陈联合与厦门市副市长詹沧洲共同为石碑揭幕（2001年10月）

◎ 由郑永传（中）拿督率团的马来西亚中华大会堂总会郑和研究交流团参观华侨博物院展览，丁炯淳院长陪同并介绍郑和有关事迹（2001年11月）

◎ 新加坡华裔馆馆长纪宝坤（左二）莅院参观交流（2001年11月）

◎ 新加坡怡和轩俱乐部访闽团莅临参观访问（2002年3月）

◎ 厦门大学教授、中国古陶瓷研究会会长叶文程（左二）陪同英国大英博物馆东方部霍吉淑女士（右三）莅院参观"华侨历史陈列"（2002年11月）

◎ 国务院侨办副主任许又声（右四）参观华侨华人展览，厦门市委副书记、市政协主席陈修茂（左四），厦门市委常委、市委统战部部长欧阳建（右三），厦门市委统战部副部长周丽贞（左二）以及丁炯淳院长（左五）陪同（2004年10月）

◎ 印华百家姓协会总主席熊德怡（左二）、副主席彭观炎（右一）等参观展览（2006年2月）

◎ 中央统战部副部长黄跃金（右二）莅临华侨博物院参观，厦门市委统战部副部长周丽贞（左二）与丁炯淳院长（右三）陪同参观展览（2006年5月）

◎ 中国侨联副主席李祖沛（左三）在厦门市侨联主席陈联合（左二）陪同下参观展览（2006年）

◎ 新加坡驻厦总领事郑美乐（左二）饶有兴致地参观侨史展览（2007年1月）

◎ 中共中央政治局委员、国务委员刘延东（右二）在福建省委书记孙春兰（右三）、省长于伟国（左一）陪同下莅临华侨博物院考察调研，右一为丁炯淳院长（2011年10月）

◎ 中国侨联副主席李卓彬（右三）莅临考察指导，丁炯淳院长（右四）、谢美华副院长（右一）陪同（2012年6月）

◎ 两岸侨联和平发展论坛嘉宾来访（2012年6月）

◎ 陈嘉庚先生后裔访问团莅临华侨博物院时合影（2013年10月）

◎ 文化部部长雒树刚（右四）在国家文物局局长刘玉珠（右五）、福建省文物局局长傅柒生（右一）等陪同下莅临华侨博物院考察指导工作，左二为曾莹院长、左一为钟志诚副院长（2017年9月）

◎ 菲律宾驻厦总领事付昕伟（右四）一行参观华侨博物院，钟志诚副院长（左四）等陪同接待（2018年5月）

◎ 新加坡驻厦总领事池兆森（右五）、新加坡国家图书馆馆长伍慧贤（右四）及文史专家柯木林（右三）一行六人莅临参观交流，曾莹院长（左四）、钟志诚副院长（左三）等陪同（2018年5月）

◎ 全国人大常委会委员、华侨委员会主任委员王光亚（右六）一行莅院参观考察，厦门市委统战部副部长何秀珍（右四）与曾莹院长（右三）、钟志诚副院长（右一）陪同参观（2018年6月）

◎ 马来西亚林连玉基金会主席刘志文（右七）一行九人莅院参观交流（2019年4月）

◎ 中联部副部长郭业洲（中）在刘晓斌院长（左）陪同下参观"华侨华人"展（2020年1月）

◎ 新加坡驻华大使吕德耀（左二）偕夫人邓素芬（左三）等莅院参观访问，厦门市委统战部副部长陈宏（左一）与刘晓斌院长（右三）陪同参观（2021年1月）

◎ 中国侨联副主席隋军（右二）莅院考察调研，福建省侨联主席陈式海（右一）与刘晓斌院长（右三）陪同参观（2021年5月）

◎ 全国政协经济委员会副主任、国家发展改革委原副主任宁吉喆（右一）莅院参观，刘晓斌院长（右二）陪同来宾参观展览（2022年9月）

◎ 新加坡驻厦门总领事庄志嘉（右三）参观"华侨华人"展（2023年10月）

◎ 陈嘉庚先生后裔参访团一行莅临参观访问（2023年10月）

第九章 ｜ 发展特色　家园情怀

1959 年，华侨博物院建成开放。1961 年，陈嘉庚先生逝世，后续建设无法进行。这一阶段的展览是陈列祖国历史文物、华侨与南洋各国历史文物以及动物水产类标本。

1965 年 9 月起，有过一段时间的闭馆。1978 年，根据国务院侨办的指示，华侨博物院筹备恢复开放。1981 年 2 月，首次推出了"华侨历史简介"陈列，并重新开放"祖国历史文物馆"和"自然博物馆"的陈列。

1990 年代中期，以新版"华侨历史陈列"为标志，华侨博物院在侨史研究和陈列展览、侨乡调查、侨史文物资料征集、海外交流联谊等方面迈上了一个新台阶，初步有了自己的专业队伍，特色更加明显。

近 30 年来，华侨博物院在基础建设、人才队伍建设、业务工作等方面不断取得新成果。

1998 年建成文物库房，1999 年扩建主楼两翼，2003 年翻修主楼屋面并抗震加固，2017 年完成庭院改造暨新建学术交流中心建设项目。2004—2005 年，华侨博物院的陈列全面改版，推出了新版"华侨华人""陈嘉庚先生珍藏文物展""自然馆"三个基本展览。2019 年"华侨华人"展进行了提升，增加了新资料，展示手法更具观赏性。此外，还编印出版有关华侨华人图书多种，以及编印其他资料。

在图书资料室的建设方面，现有藏书 2 万余册，各种报纸杂志 70 多种，资料照片 2 万多张。文物藏品方面，紧紧抓住"侨"这个特色，在侨史文物征集上下功夫，取得了比较大的收获，并应用于研究和展览。经过多年的学习训练，华侨博物院已形成了一支有较强工作能力的专业队伍。

一、基本陈列

◎ 1994年版"华侨历史陈列"展展名

◎ 1994年版"华侨历史陈列"

◎ 2005年版"华侨华人"展展名

◎ 2005年版"华侨华人"展序厅——主题"海"

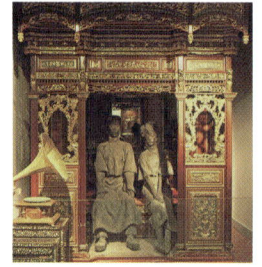

◎ 2005年版"华侨华人"展

◎ 2005年版"华侨华人"展尾厅浮雕——主题"绿叶对根的情意"

◎ 2005年版"华侨华人"展荣获国家文物局第六届全国博物馆十大陈列展览精品评选"最佳新技术、新材料运用奖"

◎ 2019年改版提升后的"华侨华人"展

博物大观

陈嘉庚教育理念与华侨博物院

◎ 2004 年版"陈嘉庚珍藏文物展"

◎ 2004 年版"陈嘉庚珍藏文物展",展出陈嘉庚先生征集的历史文物中最精华部分

◎ 2014 年版"陈嘉庚珍藏文物展"

◎ 1981 年版"自然标本陈列"

◎ 2004 年版"自然馆"

二、部分与华侨华人有关的原创展览

◎ "南侨机工回国参加抗战纪念展——献给世界反法西斯战争胜利50周年"（1995年8月）

◎ "友谊 合作 机遇——参与厦门经济特区建设的东南亚华人"专题展（1996年12月）

◎ "华侨华人人物展"（2000年）。图为新加坡侨领孙炳炎（左五）携亲友参观展览

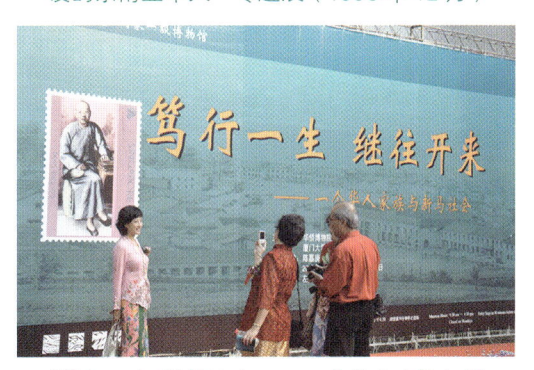

◎ "笃行一生 继往开来——一个华人家族与新马社会"展（2011年8月）

◎ "缅怀先贤 昭示后人——缅甸侨领杨昭固特展"（2015年6月）

◎ "南洋华侨机工回国抗战纪念展——献给中国人民抗日战争暨世界反法西斯战争胜利70周年"（2015年9月）

◎ "烽火仁心——林可胜与抗日战争时期的中国红十字会救护总队"（2020年9月）

◎ "美美与共——新马土生华人历史文化展"（2021年10月）

◎ "陈嘉庚与华侨博物院"（2023年10月）

三、接待海外华人寻根团

◎ 厦门大学海外教育学院澳大利亚教师汉语进修团来院参观（2006年5月）

◎ 福建省侨联组织"2006年中国寻根之旅夏令营"福建营员参观展览（2006年7月）

◎ 来自美国、南非、法国、荷兰、缅甸、巴西、印尼等国的390位营员兴致勃勃地观看了展览

◎ 北京语言大学汉语学院来自13个国家和地区的留学生毕业实习团140人参观华侨博物院（2007年4月）

博物大观
陈嘉庚教育理念与华侨博物院

◎ 各国留学生在华侨博物院植树立碑纪念

◎ 菲律宾中正学院校友总会"寻根之旅"夏令营莅临参观（2007年4月）

◎ 集美大学"菲华学生寻根之旅"356位青少年学生参观华侨博物院（2007年5月）

◎ 泰国邦高皇家圣谕中学青年学生"感知中国"夏令营来院参观（2011年8月19日）

◎ 来自荷兰、德国、英国、印尼等国家和地区的漳州石美北门徐氏后裔寻根团参观华侨博物院（2012年4月）

◎ 东南亚金门籍华裔青少年访学团留影（2018年6月）

◎ 马来西亚槟城世德堂谢公司谢氏宗亲返乡谒祖团莅院参观（2023年11月）

◎ 海外闽籍华裔青年启航八闽研学活动（2023年12月）

四、送展到学校、企业、部队等机构

◎ 在安溪文庙举办"华侨华人人物展"（2005年5月）

◎ 印尼侨领唐裕（第五排中间老者）与家乡学生和华侨博物院工作人员合影

◎ 走进农村学校

◎ 送展进企业

◎ 送展进部队

五、外出办展

◎ 1995年9月，应马来西亚华人文化协会等机构的邀请，华侨博物院"南洋机工参加中国抗战图片展"前往吉隆坡、怡保、槟城、马六甲、新山等五个城市展出，引起全马华社的关注

◎ 1999年，华侨博物院在昆明举办"南侨机工回国抗战图片展"

◎ 2005年11月，应第六届东南亚华文教学研讨会组委会的邀请，在文莱首都斯里巴加湾市的峇拉卡斯国际会议中心成功举办了"华侨华人图片展"

◎ 文莱当地华文报报道：文莱副教育部部长彭基兰拿督哈芝莫哈末博士（前右二）参观"华侨华人图片展"

◎ 2008年7月，华侨博物院与广州博物馆、福建省革命历史纪念馆、晋江博物馆在广州共同举办"情系桑梓——华侨华人文物特展"

◎ 2007年5月18日，"华侨华人"大型图片展赴福州巡展，在福建省革命历史纪念馆举行的开幕式上，省侨联主席致辞

◎ "华侨华人展"在黑河瑷珲机场展出（2023年）

◎ "华侨华人图片展"在福清博物馆展出（2024年）

◎ 与伪满皇宫博物院联合举办"南北两院珍藏日本瓷器精品特展"（2010年7月）

第三篇　第九章　发展特色　家园情怀　155

◎ 2009年10月，华侨博物院精心挑选117件外国文物珍品，举办了主题展览"风物长宜放眼量——院藏外国文物精品特展"，还赴北京、长春、旅顺、沈阳、杭州、扬州、江阴、常熟、广州、郑州等地交流展出，取得良好的社会效益

◎ 赴江阴市博物馆展出（2011年8月）

◎ 赴河南博物院展出（2015年）

◎ 赴首都博物馆展出（2013年）。右图为厦门市委统战部部长黄菱（右二）在丁炯淳院长（右三）陪同下参观"陈嘉庚珍藏外国文物精品展"（2013年9月）

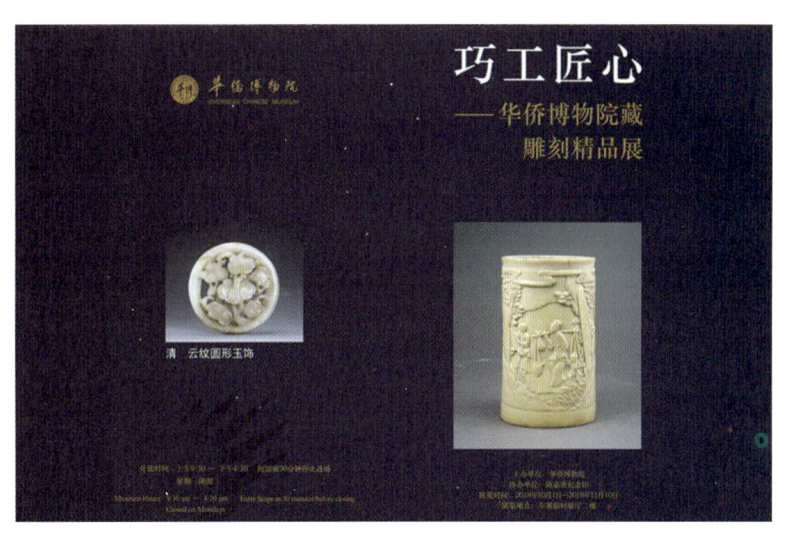

◎ 华侨博物院充分挖掘文物院藏的优势，挑选100多件套雕刻艺术品，于2013年推出主题展览"巧工匠心——院藏雕刻精品展"；经过不断优化、提升，于2018年再次展出；目前，展览已前往江阴、镇江、常熟、大理、昆明、普洱、桂林等国内13个城市巡展交流

◎ 在常熟博物馆展出（2019年）

◎ 在昆明市博物馆展出（2020年）

◎ 在桂林博物馆展出（2023年12月）

博物大观
陈嘉庚教育理念与华侨博物院

◎ 2020年9月，华侨博物院推出主题展览"烽火仁心——林可胜与抗日战争时期的中国红十字会救护总队"展。展览还前往上海宋庆龄故居纪念馆、北京协和医学院、厦门医学院等单位交流展出。图为在北京协和医学院展出（2021年9月）

◎ 在上海宋庆龄故居纪念馆展出（2021年11月）

◎ 2021年10月，华侨博物院推出主题展览"美美与共——新马土生华人历史文化展"。展览还前往江门、广州、保山、迪庆、黑河、泉州等地交流展出。图为在广东华侨博物馆展出（2023年9月）

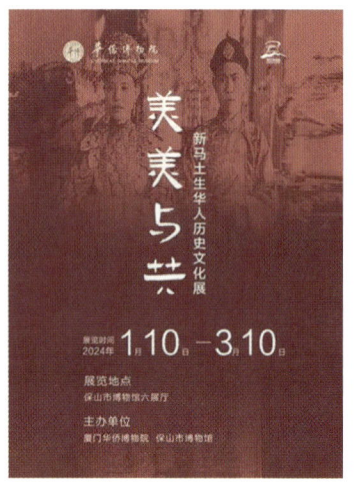

◎ 在保山博物馆展出（2024年1月）

◎ 赴迪庆藏族自治州博物馆展出（2024年3月）

◎ 赴泉州华侨历史博物馆展出（2024年5月）

六、完善设施

◎ 1998年4月，华侨博物院动工兴建文物库房，7月文物库房结构主体封顶，2001年年底启用。图为海内外嘉宾出席华侨博物院文物库房奠基仪式（1997年9月）

◎ 1998年10月，华侨博物院主楼两翼扩建工程开工，次年10月落成，主楼两翼面积3148平方米。图为1999年6月主楼两翼扩建工程主体封顶

◎ 1999年10月，华侨博物院举办纪念陈嘉庚创办华侨博物院40周年暨主楼两翼落成典礼，海内外嘉宾200多人出席。图为陈立人先生在典礼上致辞

◎ 2016年6月，华侨博物院庭院改造暨学术交流中心项目动工建设，次年8月竣工，新增建筑面积1151平方米

◎ 华侨博物院庭院改造现场（2017年）

七、所获国家级荣誉

◎ 中共中央宣传部授予"全国爱国主义教育示范基地"（2001年）

◎ 中华全国归国华侨联合会授予"爱国主义教育基地"（2001年）

◎ 全国社会科学普及工作组委员会授予"全国社会科学普及基地"（2016年）

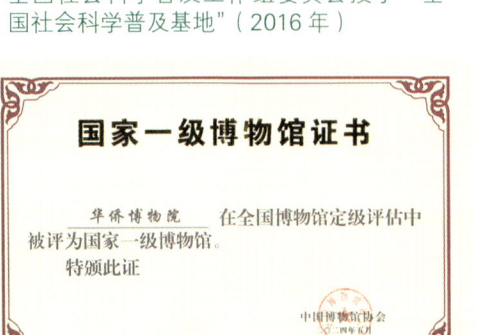

◎ 中华全国归国华侨联合会授予"中国华侨国际文化交流基地"（2018年）

◎ 2024年5月，在中国博物馆协会组织开展的第五批全国博物馆定级评估工作中，华侨博物院获评"国家一级博物馆"

结语

陈嘉庚先生的一生，正如鳌园中的一副对联所概括的："前半生兴学，后半生纾难；是一代正气，亦一代完人。"

从1890年应乃父之召赴新加坡学习经商到1894年小有成就时，年仅20岁的陈嘉庚先生就在家乡集美创办了"惕斋学塾"。在南洋创办实业逐步取得巨大成功的68年里，陈嘉庚先生先后创办的教育机构如珍珠般撒落在家乡和南洋，至今依然熠熠生辉。

陈嘉庚先生晚年创办华侨博物院，即赋予其收藏、展陈、研究和为高校服务的属性，这是先生将社会教育与学校教育有机结合的成功尝试，是先生毕生兴办教育的又一座里程碑。

华侨博物院在海外华侨华人的心目中具有特殊的意义：她是华侨领袖陈嘉庚先生亲自创办、华侨集资建成的；她有那令人难忘的中外合璧的白色花岗岩楼体和红色嘉庚瓦屋顶；还有那让华侨倍感亲切的陈列橱柜，陈列着难得的异国艺术品；她有独具特色的"华侨华人"陈列；她与海外华侨建立了广泛的联系和深厚的情谊。华侨博物院成了海外华侨华人与祖国连接在一起的亲情纽带，成了华侨华人思念故土的情感寄托之地。

祝福你，华侨博物院！让我们一起守护华侨华人心中的这片共同家园！

后记

经过一年多的收集、整理与编写，《博物大观：陈嘉庚教育理念与华侨博物院》书稿终于完成，即将付印，回顾编写历程，我们备感欣慰。

本书是在2023年"嘉庚精神"宣传月期间，我们推出的原创展览——"陈嘉庚与华侨博物院"展览大纲的基础上，作了进一步的调整和补充。2024年是陈嘉庚先生150周年诞辰，也是华侨博物院建院65周年，在名誉院长丁炯淳先生的悉心指导和修改下，我们调整书稿框架，进一步扩充内容，通过梳理陈嘉庚先生的教育理念，尤其是博物馆的社会教育思想脉络，全面回顾65年来华侨博物院的建院历史和发展历程，精选院藏图片、文物等资料，编辑成图片与史料并重的图文集，以作永久的纪念。

在本书出版之际，我们特别感谢中共厦门市委统战部的关心与指导，感谢厦门市档案馆、福建省厦门市私立集美学校委员会、陈嘉庚纪念馆、集美图书馆、厦门大学文博管理中心等单位的大力支持，感谢在编写过程中提供帮助的陈嘉庚先生长孙陈立人先生、华侨博物院名誉院长陈毅明女士、集美大学诚毅学院原党委书记林斯丰先生、华侨博物院展览部原主任颜如璇女士、华侨博物院名誉院长陈永定的女儿陈亚彬女士等，他们的宝贵建议和倾情支持让本书更加严谨和完善，谨此一并致谢！

囿于我们的学识和能力，对有些问题的分析和把握也未必准确，掌握的档案资料还不够全面，加之时间仓促，书中难免有错漏之处，敬请各位专家学者和广大读者批评、指正！

《博物大观：陈嘉庚教育理念与华侨博物院》编写组

2024年5月